일본어는 4가지 문자로 표기

1. 히라가나 ひらがな

히라가나는 한자의 일부분을 따거나 흘려쓰기가 변형되어 만들어진 문자입니다. 옛날 궁정 귀족의 여성들이 주로 쓰던 문자였지만, 지금은 문장을 쓸 때 가장 일반적으로 쓰이는 문자입니다. 일본어를 시작할 때는 무조건 익혀야 합니다.

2. 가타카나 カタカナ

가타카나는 한자의 일부분을 따거나 획을 간단히 한 문자입니다. 히라가나와 발음이 같지만 가타카나는 주로 외래어를 표기할 때 사용합니다. 그밖에 의성어나 어려운 한자로 표기해야 할 동식물의 이름 등에도 쓰입니다.

3. 한자 漢字

우리는 한글만으로 거의 모든 발음을 표기할 수 있습니다. 그런데 일본어는 히라가나와 가타카나만으로 표기하기에는 그 발음 숫자가 너무 적어서 한자를 쓰지 않으면 의미를 정확히 알 수 없습니다. 한자 읽기는 음독과 훈독이 있으며 우리와는 달리 읽는 방법이 다양합니다. 또한 일부 한자는 자획을 정리한 약자(신자체)를 사용합니다.

4. 로마자

히라가나와 가타카나 그리고 한자는 일본어 표기에 기본이 되는 문자입니다. 다른 나라 사람들도 읽을 수 있도록 우리가 로마자(알파벳)로 한글 발음을 표기하는 것처럼 일본어에서도 각 문자마다 로마자 표기법을 정해 사용하고 있습니다. 로마자 표기법도 함께 익혀 두시기 바랍니다.

일본어 문자와 발음 단숨에 따라잡기

PART 1

히라가나
단숨에
따라잡기

이 책의 구성과 차례, 일러두기

PART 1

PART 2

히라가나 단숨에 따라잡기

히라가나(**ひらがな**)는 일본어를 표기할 때 일반적으로 쓰이는 문자입니다. 여기서는 히라가나의 쓰기순서에 맞춰 따라쓰기를 할 수 있도록 했습니다. 물론 히라가나를 보지 않고 직접 쓰면서 익힐 수도 있습니다. 그리고 각각의 문자가 실제에서는 어떻게 쓰이는지 4개의 단어를 두어 제대로 습득할 수 있도록 했습니다. 마지막으로 히라가나 쓰기와 발음을 제대로 익혔다면 그밖의 탁음, 반탁음, 요음, 하네루음, 촉음, 장음도 익힐 수 있도록 했습니다.

가타카나 단숨에 따라잡기

카타카나(**カタカナ**)는 히라가나와 발음이 동일하지만 주로 외래어 등을 표기할 때 쓰이는 문자입니다. 여기서는 가타카나의 쓰기순서에 맞춰 따라쓰기를 할 수 있도록 했습니다. 물론 가타카나를 보지 않고 직접 쓰면서 익힐 수도 있습니다. 그리고 각각의 문자가 실제에서는 어떻게 쓰이는지 4개의 단어를 두어 제대로 습득할 수 있도록 했습니다. 마지막으로 가타카나 쓰기와 발음을 제대로 익혔다면 그밖의 탁음, 반탁음, 요음, 하네루음, 촉음, 장음도 익힐 수 있도록 했습니다.

일러두기

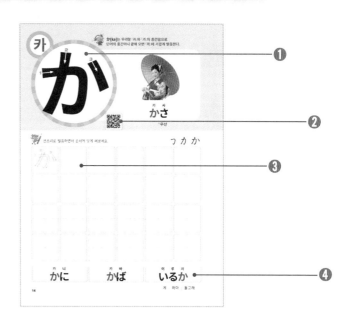

❶
일본어 문자가 한눈에 들어오도록 크게 표기했습니다. 한글로 표기된 발음을 큰소리내어 읽어보세요.

❷
쓰기순서가 각 글자마다 표시되어 있지만, 스마트폰 카메라로 QR코드를 체크하면 쓰기순서가 천천히 동영상으로 나오므로 보면서 쉽게 따라 쓸 수 있습니다.

❸
쓰기 순서에 맞추어 먼저 따라쓰기를 해보세요. 천천히 따라쓰기를 모두 마친 다음 문자를 보지 말고 네모칸에 또박또박 써보세요.

❹
각각의 문자가 실제 단어에서는 어떻게 쓰이는지 확인합니다. 문자 위의 한글은 발음을 그 아래에 단어의 뜻을 두었습니다. 먼저 단어를 큰 소리로 읽어보세요. QR코드를 스마트폰 카메라로 체크하면 일본인의 정확한 발음을 들을 수 있습니다.
물론, 랭컴출판사 홈페이지(www.lancom.co.kr)를 통해서 MP3 파일을 무료로 제공하고 있습니다.

청음이란 목의 저항이 없는 맑은 소리로, 아래의 오십음도 표에 나와 있는 5단 10행의 46(ん은 제외) 자를 말한다. 단은 모음에 의해 나누어진 세로 표, 행은 자음에 의해 나누어진 가로 표를 말한다.

	あ단	い단	う단	え단	お단
あ행	あ 아[a]	い 이[i]	う 우[u]	え 에[e]	お 오[o]
か행	か 카[ka]	き 키[ki]	く 쿠[ku]	け 케[ke]	こ 코[ko]
さ행	さ 사[sa]	し 시[shi]	す 스[su]	せ 세[se]	そ 소[so]
た행	た 타[ta]	ち 치[chi]	つ 츠[tsu]	て 테[te]	と 토[to]
な행	な 나[na]	に 니[ni]	ぬ 누[nu]	ね 네[ne]	の 노[no]

>> 히라가나(ひらがな) 오십음도

오십음도에서 **あ い う え お**는 모음, **や ゆ よ わ**는 반모음이며 나머지는 자음이다. 일본어 문자는 우리 한글과는 달리 자음과 모음을 합쳐진 음절 문자이다.

	あ단	い단	う단	え단	お단
は행	は 하[ha]	ひ 히[hi]	ふ 후[fu]	へ 헤[he]	ほ 호[ho]
ま행	ま 마[ma]	み 미[mi]	む 무[mu]	め 메[me]	も 모[mo]
や행	や 야[ya]		ゆ 유[yu]		よ 요[yo]
ら행	ら 라[ra]	り 리[ri]	る 루[ru]	れ 레[re]	ろ 로[ro]
わ행	わ 와[wa]		ん 응[ng]		を 오[o]

아

あ[a]는 우리말의 「아」와 거의 같은 발음이며 일본어 모음의 하나이다.

아 리
あり
*개미

 큰소리로 발음하면서 쓰기 순서에 맞게 써보세요.

あ

아 시	아 따 마	아 히 루
あし	**あたま**	**あひる**

발 ┃ 머리 ┃ 오리

이

い[i]는 우리말의 「이」와 거의 비슷하며
입을 양 옆으로 벌려서 발음한다.

いぬ
이 누

*개

큰소리로 발음하면서 쓰기 순서에 맞게 써보세요.

い い

いちご
이 찌 고

いえ
이 에

いも
이 모

딸기 | 집(house) | 감자

우

う[u]는 우리말 「우」와 「으」의 중간음으로 입술이 앞으로 너무 튀어나오지 않도록 한다.

우 사 기
うさぎ
*토끼

 큰소리로 발음하면서 순서에 맞게 써보세요.

こう

우 마
うま

우 시
うし

우 메 보 시
うめぼし

말 ｜ 소 ｜ 매실장아찌

에

え[e]는 우리말의 「에」와 「애」의 중간음으로 일본어 모음의 하나이다.

에 비
えび
*새우

 큰소리로 발음하면서 순서에 맞게 써보세요.

え え

에 다	에 끼	에 리 마 끼
えだ	**えき**	**えりまき**

나뭇가지 | 역 | 목도리

11

오

お[o]는 우리말의 「오」와 거의 같은 발음이며 모음의 하나이다.

_{오 까 네}
おかね
*돈

큰소리로 발음하면서 순서에 맞게 써보세요.

こ おお

_{오 니}
おに

_{오 또 꼬}
おとこ

_{오 리 가 미}
おりがみ

귀신 | 남자 | 종이접기

■ 아래 발음에 알맞는 히라가나를 네모 칸에 써넣으세요.

이	우	아	오	에

■ 한글 발음과 그림을 보고 빈칸에 알맞은 히라가나를 써넣으세요.

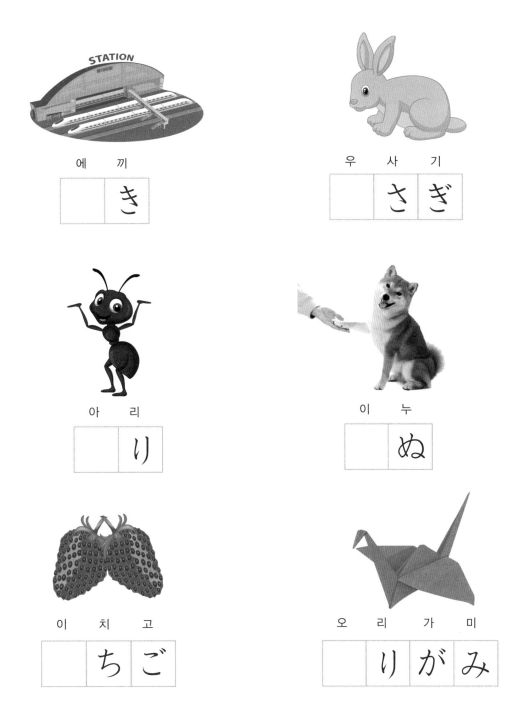

에 끼
	き

우 사 기
	さ	ぎ

아 리
	り

이 누
	ぬ

이 치 고
	ち	ご

오 리 가 미
	り	が	み

카

か[ka]는 우리말 「카」와 「가」의 중간음으로
단어의 중간이나 끝에 오면 「까」에 가깝게 발음한다.

카　사
かさ
*우산

 큰소리로 발음하면서 순서에 맞게 써보세요.

つ か か

카 니	카 바	이 루 까
かに	**かば**	**いるか**

게 ｜ 하마 ｜ 돌고래

14

키

き[ki]는 첫음절이 아닌 단어의 중간이나 끝에 오면 「끼」에 가깝게 발음한다.

키 쯔 네
きつね

*여우

ニ ニ き き

 큰소리로 발음하면서 순서에 맞게 써보세요.

키 링
きりん

키 노 꼬
きのこ

네 마 끼
ねまき

기린 | 버섯 | 잠옷

쿠

 く[ku]는 첫음절이 아닌 단어의 중간이나 끝에 오면 「꾸」에 가깝게 발음한다.

1

쿠 지 라
くじら
*고래

 큰소리로 발음하면서 순서에 맞게 써보세요.

く

쿠 리
くり

쿠 루 마
くるま

카 조 꾸
かぞく

밤 | (자동)차 | 가족

케

け[ke]는 단어의 첫음절이 아닌 중간이나 끝에 오면 「께」에 가깝게 발음한다.

케 이 또
けいと
*털실

 큰소리로 발음하면서 순서에 맞게 써보세요.

けいけ

케 가	케 무 리	이 께
けが	**けむり**	**いけ**

상처 | 연기 | 연못

코

こ[ko]는 단어의 첫음절이 아닌 중간이나 끝에 오면 「꼬」에 가깝게 발음한다.

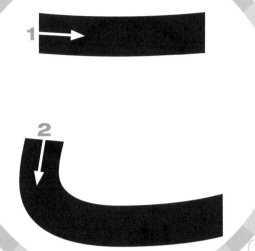

킹　꼬
きんこ
*금고

큰소리로 발음하면서 순서에 맞게 써보세요.

こ

코　이
こい

코　마
こま

코　도　모
こども

잉어 │ 팽이 │ 어린이

18

■ 아래 발음에 알맞는 히라가나를 네모 칸에 써넣으세요.

키	카	코	쿠	케

■ 한글 발음과 그림을 보고 빈칸에 알맞은 히라가나를 써넣으세요.

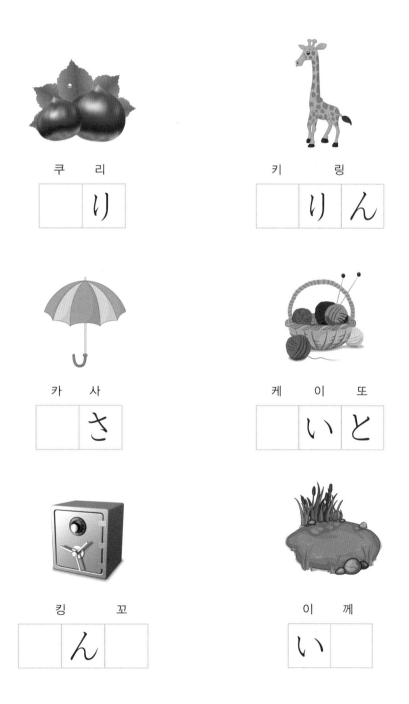

쿠　리
	り

키　　링
	り	ん

카　사
	さ

케　이　또
	い	と

킹　　꼬
ん	

이　께
い	

사

さ[sa]는 우리말의 「사」에 가까운
발음으로 일본어 자음의 하나이다.

사 루
さる

*원숭이

 큰소리로 발음하면서 순서에 맞게 써보세요.

ー さ さ

사 메	사 꾸 라	사 까 나
さめ	**さくら**	**さかな**

상어 | 벚꽃 | 물고기

시

し[shi]는 우리말의 「쉬」에 가까운
「시」 발음으로 일본어 자음의 하나이다.

시　까
しか

*사슴

큰소리로 발음하면서 순서에 맞게 써보세요.

し

시　따	시　마	시　리
した	**しま**	**しり**

혀/아래 | 섬 | 엉덩이

21

스

す[su]는 우리말의 「수」와 「스」의 중간음으로 「스」에 가깝게 발음한다.

스 모 ―
すもう

*(일본전통) 씨름

 큰소리로 발음하면서 순서에 맞게 써보세요.

― す

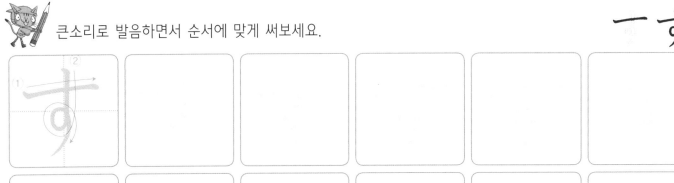

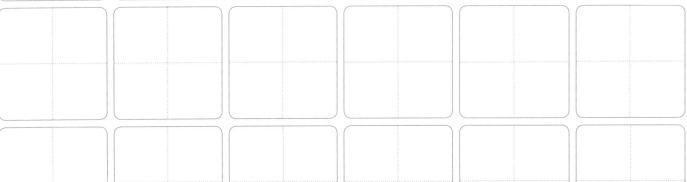

스 나
すな

스 ― 지
すうじ

스 이 까
すいか

*「―」는 길게 발음한다.

모래 | 숫자 | 수박

세

せ[se]는 우리말의 「세」와 비슷한 발음으로 자음이다.

세 나 까
せなか

*등

 큰소리로 발음하면서 순서에 맞게 써보세요.

一 十 せ

세 미
せみ

세 까 이
せかい

세 따 께
せたけ

매미 | 세계 | 키(신장)

소

そ[SO]는 우리말의 「소」와 비슷한 발음으로 자음이다.

소 바
そば

*메밀국수

 큰소리로 발음하면서 순서에 맞게 써보세요.

そ

소 데
そで

소 라
そら

소 ー 지 끼
そうじき

소매 | 하늘 | 청소기

24

■ 아래 발음에 알맞는 히라가나를 네모 칸에 써넣으세요.

시	스	사	세	소

■ 한글 발음과 그림을 보고 빈칸에 알맞은 히라가나를 써넣으세요.

시 까
□ か

스 이 까
□ い か

세 미
□ み

세 나 까
□ な か

소 바
□ ば

사 루
□ る

타

た[ta]는 「타」와 「다」의 중간음으로 단어의 중간이나 끝에 올 때는 「따」에 가깝게 발음한다.

타 꼬
たこ

연

 큰소리로 발음하면서 순서에 맞게 써보세요.

た た た た

타 마 고	타 이 꼬	아 시 따
たまご	**たいこ**	**あした**

치

ち[chi]는 단어의 첫음절이 아닌 중간이나 끝에 올 때는「찌」에 가깝게 발음한다.

우 찌
うち

*집(home)

 큰소리로 발음하면서 순서에 맞게 써보세요.

ち

치 즈
ちず

치 리 또 리
ちりとり

치 까 라
ちから

지도 | 쓰레받기 | 힘

#츠

つ[tsu]는 우리말의 「쓰」, 「쯔」, 「츠」의 복합적인 음으로 단어의 중간이나 끝에 올 때는 약간 된소리로 발음한다.

츠　끼
つき
*달

 큰소리로 발음하면서 순서에 맞게 써보세요.

つ

츠 바 메
つばめ

츠 꾸 에
つくえ

쿠 　 쯔
くつ

제비 | 책상 | 신발

28

테

て [te]는 단어의 첫음절이 아닌 중간이나 끝에 올 때는 「떼」에 가깝게 발음한다.

테 부 꾸 로
てぶくろ

*장갑

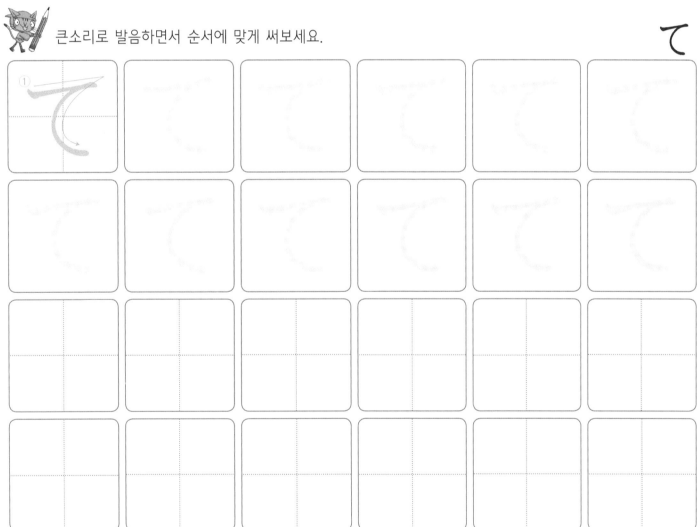

큰소리로 발음하면서 순서에 맞게 써보세요.

て

테 지 나	테 쯔 보 -	오 떼 다 마
てじな	**てつぼう**	**おてだま**

요술 │ 철봉 │ 공기(놀이)

토

と[to]는 단어의 첫음절이 아닌 중간이나
끝에 올 때는 「또」에 가깝게 발음한다.

토 까 게
とかげ

*도마뱀

큰소리로 발음하면서 순서에 맞게 써보세요.

と

토 라 **とら**	토 께 ― **とけい**	이 또 **いと**

호랑이 ｜ 시계 ｜ 실

■ 아래 발음에 알맞는 히라가나를 네모 칸에 써넣으세요.

테	치	토	츠	타

■ 한글 발음과 그림을 보고 빈칸에 알맞은 히라가나를 써넣으세요.

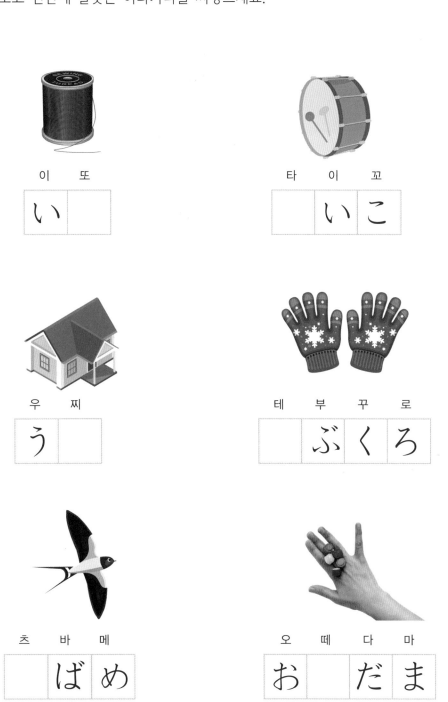

이 또

い	

타 이 꼬

	い	こ

우 찌

う	

테 부 꾸 로

	ぶ	く	ろ

츠 바 메

	ば	め

오 떼 다 마

お		だ	ま

나

な[na]는 우리말의 「나」와 거의 같은 발음으로 일본어 자음의 하나이다.

나 스
なす
*가지

 큰소리로 발음하면서 순서에 맞게 써보세요.

て ナ ナ な

나 베	나 미 다	나 마 에
なべ	**なみだ**	**なまえ**

냄비 | 눈물 | 이름

に[ni]는 우리말의 「니」와 거의 같은 발음으로 자음이다.

니 와 또 리
にわとり

*닭

큰소리로 발음하면서 순서에 맞게 써보세요.

に に に

니 시
にし

니 지
にじ

니 모 쯔
にもつ

서쪽 | 무지개 | 짐

ぬ

ぬ[nu]는 우리말의 「누」와 거의 비슷한 발음으로 자음이다.

누스비또
ぬすびと
*도둑

 큰소리로 발음하면서 순서에 맞게 써보세요.

누 마
ぬま

누 리 에
ぬりえ

이 누
いぬ

네

ね[ne]는 우리말의 「네」와 거의 비슷한 발음으로 자음이다.

네 즈 미
ねずみ
*쥐

 큰소리로 발음하면서 순서에 맞게 써보세요.

네 기
ねぎ

네 지
ねじ

네 꼬
ねこ

파 | 나사 | 고양이

の[no]는 우리말의 「노」와 거의 비슷한 발음으로 자음이다.

노 리 마 끼
のりまき

*김밥

 큰소리로 발음하면서 순서에 맞게 써보세요.

の

노 하 라
のはら

노 꼬 기 리
のこぎり

노 리
のり

들판 | 톱 | 풀

36

■ 아래 발음에 알맞는 히라가나를 네모 칸에 써넣으세요.

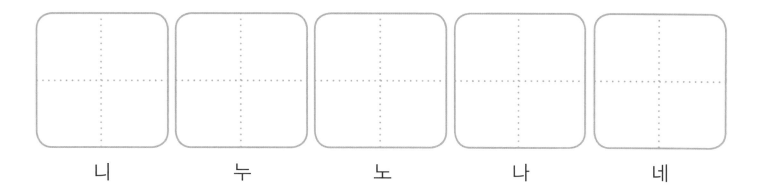

| 니 | 누 | 노 | 나 | 네 |

■ 한글 발음과 그림을 보고 빈칸에 알맞은 히라가나를 써넣으세요.

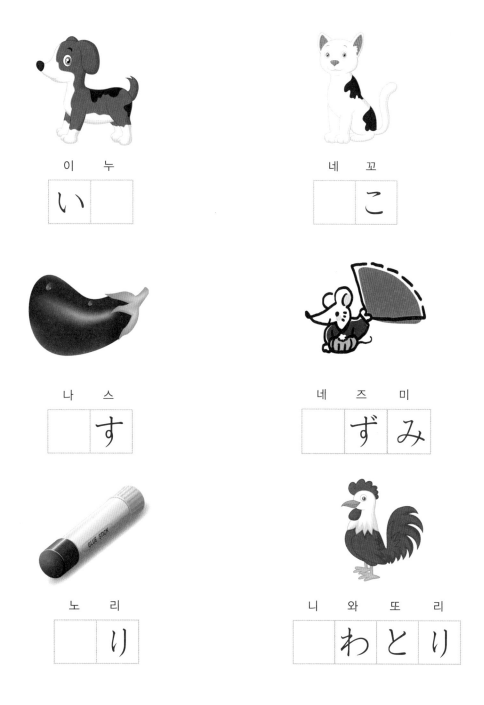

이 누
い ☐

네 꼬
☐ こ

나 스
☐ す

네 즈 미
☐ ず み

노 리
☐ り

니 와 또 리
☐ わ と り

하

は[ha]는 우리말의 「하」와 거의
비슷한 발음으로 자음의 하나이다.

하 찌
はち

*벌

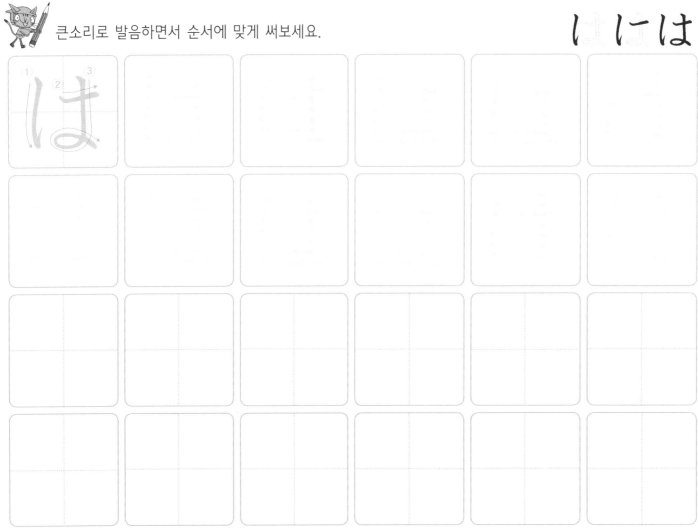

큰소리로 발음하면서 순서에 맞게 써보세요.

はには

하 사 미
はさみ

하 나
はな

하 마 베
はまべ

가위 | 꽃/코 | 바닷가

38

히

ひ[hi]는 우리말의 「히」와 거의 비슷한 발음으로 자음이다.

히 쯔 지
ひつじ
*양

 큰소리로 발음하면서 순서에 맞게 써보세요.

ひ

히 요 꼬	히 마 와 리	히 꼬 ─ 끼
ひよこ	**ひまわり**	**ひこうき**

병아리 | 해바라기 | 비행기

후

ふ[fu]는 우리말의 「후」와 거의 비슷한 발음으로 자음이다.

후 유
ふゆ
*겨울

큰소리로 발음하면서 순서에 맞게 써보세요.

ふ ふ ふ ふ

후 네
ふね

후 꾸로ー
ふくろう

후 로시끼
ふろしき

배 | 올빼미 | 보자기

헤

へ[he]는 우리말의 「헤」와 거의
비슷한 발음이다.

へ や
へや
*방

큰소리로 발음하면서 순서에 맞게 써보세요.

へ

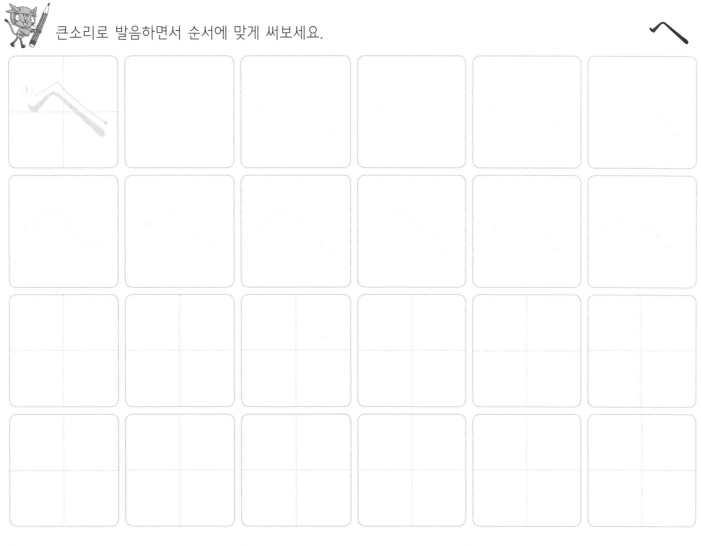

헤 소
へそ

헤 비
へび

헤 찌 마
へちま

배꼽 │ 뱀 │ 수세미외

호

ほ[ho]는 우리말의 「호」와 거의 비슷한 발음으로 자음이다.

_호 _시
ほし

*별

ほ に に ほ

 큰소리로 발음하면서 순서에 맞게 써보세요.

_호_따_루
ほたる

_호 _네
ほね

_호 _라 _아 _나
ほらあな

반딧불이 │ 뼈 │ 동굴

■ 아래 발음에 알맞는 히라가나를 네모 칸에 써넣으세요.

헤	호	하	후	히

■ 한글 발음과 그림을 보고 빈칸에 알맞은 히라가나를 써넣으세요.

헤 비
　 び

하 사 미
　 さ み

히 나
　 な

히 쯔 지
　 つ じ

호 시
　 し

후 꾸 로 －
　 く ろ う

마

 ま[ma]는 우리말의 「마」와 거의 비슷한 발음으로 자음이다.

마 꾸 라
まくら
*베개

 큰소리로 발음하면서 순서에 맞게 써보세요.

 ー = ま

마 메
まめ

마 도
まど

우 마
うま

콩 │ 창(문) │ 말

44

미

み[mi]는 우리말의 「미」와 거의 비슷한 발음으로 자음이다.

미 깡
みかん

*귤

 큰소리로 발음하면서 순서에 맞게 써보세요.

みみ

미 도 리
みどり

미 찌
みち

미 나 미
みなみ

녹색 | 길 | 남쪽

무

む[mu]는 우리말의 「무」와 거의 비슷한 발음으로 자음이다.

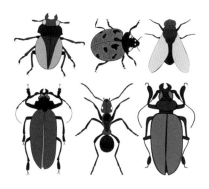

<ruby>무 시</ruby>
むし
*벌레

큰소리로 발음하면서 순서에 맞게 써보세요.

こ む む

<ruby>무 기</ruby>
むぎ

<ruby>무 까 데</ruby>
むかで

<ruby>무 네</ruby>
むね

보리 | 지네(벌레) | 가슴

메

め[me]는 우리말의 「메」와 거의 비슷한 발음으로 자음이다.

메 가 네
めがね
*안경

し め

메
め

메 모 리
めもり

메 다 까
めだか

눈 | (저울) 눈금 | 송사리

も[mo]는 우리말의 「모」와 거의 비슷한 발음으로 자음이다.

모 찌
もち
*떡

 큰소리로 발음하면서 순서에 맞게 써보세요.

모 모
もも

모 미 지
もみじ

모 구 라
もぐら

복숭아 | 단풍 | 두더지

■ 아래 발음에 알맞는 히라가나를 네모 칸에 써넣으세요.

마	무	미	모	메

■ 한글 발음과 그림을 보고 빈칸에 알맞은 히라가나를 써넣으세요.

무 시
	し

미 깡
	か	ん

우 마
う	

모 찌
	ち

메 다 까
	だ	か

모 미 지
		じ

라

ら[ra]는 우리말의 「라」와 같은 발음으로 단어의 첫머리에 오더라도 「라」로 발음한다.

라 꾸 다
らくだ

*낙타

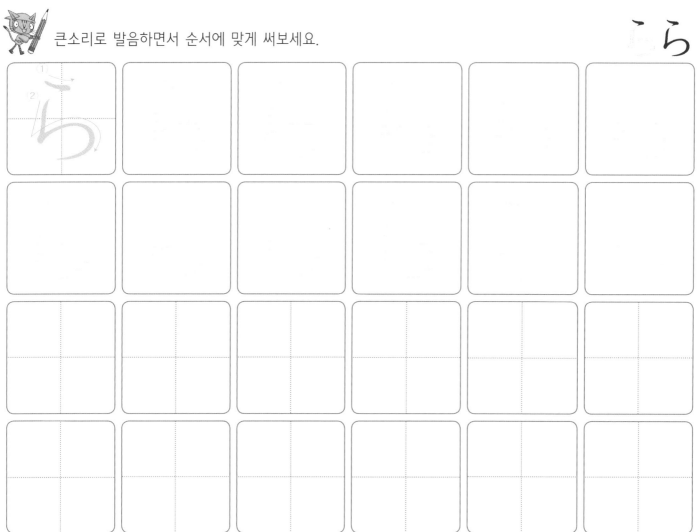

큰소리로 발음하면서 순서에 맞게 써보세요.

ら

라 꾸 가 끼
らくがき

랍 빠
らっぱ

라 심 방
らしんばん

리

り[ri]는 우리말의 「리」와 같으며 단어의 첫머리에 오더라도 「리」로 발음한다.

리 스
りす

*다람쥐

 큰소리로 발음하면서 순서에 맞게 써보세요.

り

리 하 쯔	리 끼 시	링 고
りはつ	**りきし**	**りんご**

이발 ㅣ 씨름꾼(스모선수) ㅣ 사과

루

る[ru]는 우리말의 「루」와 같은 발음으로
단어의 첫머리에 오더라도 「루」로 발음한다.

요 루
よる
밤

큰소리로 발음하면서 순서에 맞게 써보세요.

る

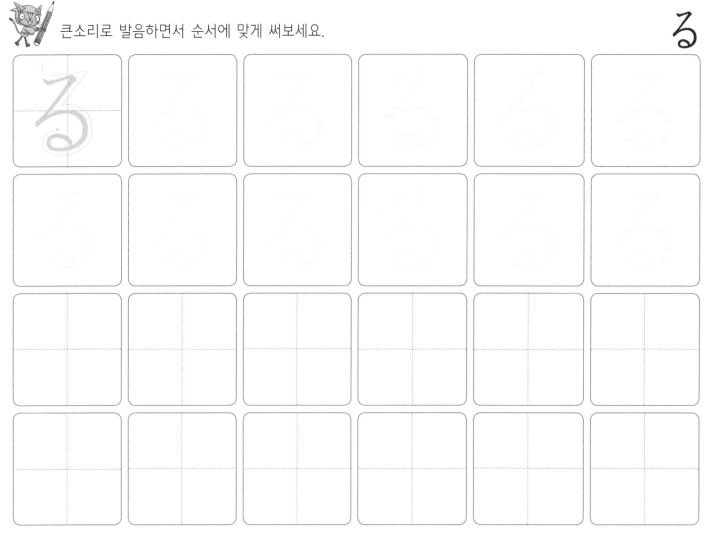

하 루
はる

히 루
ひる

루 스 방
るすばん

봄 | 낮 | 집보기

52

레

れ[re]는 우리말의 「레」와 같은 발음으로 단어의 첫머리에 오더라도 「레」로 발음한다.

레 ー 조 ー 꼬
れいぞうこ
냉장고

 큰소리로 발음하면서 순서에 맞게 써보세요.

레 끼 시
れきし

레 쯔
れつ

렝　가
れんが

역사 ｜ 열(줄) ｜ 벽돌

로

ろ[ro]는 우리말의 「로」와 같은 발음으로 단어의 첫머리에 오더라도 「로」로 발음한다.

ろ

로 바
ろば

당나귀

 큰소리로 발음하면서 순서에 맞게 써보세요.

로 ― 까
ろうか

로 센 즈
ろせんず

로 ― 소 꾸
ろうそく

복도 | 노선도 | 양초

54

■ 아래 발음에 알맞는 히라가나를 네모 칸에 써넣으세요.

리	루	라	로	레

■ 한글 발음과 그림을 보고 빈칸에 알맞은 히라가나를 써넣으세요.

리 스
	す

라 꾸 다
	く	だ

요 루
よ	

로 바
	ば

레 - 조 - 꼬
	い	ぞ	う	こ

로 - 소 꾸
	う	そ	く

야

 や[ya]는 우리말의 「야」와 거의 비슷한 발음으로 반모음이다.

야 깡
やかん
*주전자

 큰소리로 발음하면서 순서에 맞게 써보세요.

っうや

야 기
やぎ

야 사 이
やさい

야 마
やま

염소 | 채소 | 산

56

ゆ

ゆ[yu]는 우리말의 「유」와 거의 비슷한 발음으로 반모음이다.

유 끼 다 루 마
ゆきだるま

*눈사람

 큰소리로 발음하면서 순서에 맞게 써보세요.

 ゆ

유 미
ゆみ

유 메
ゆめ

유 비 와
ゆびわ

활 | 꿈 | 반지

요

よ[yo]는 우리말의 「요」와 거의 비슷한 발음으로 반모음이다.

요 ー 후 꾸
ようふく

*(서양) 옷

큰소리로 발음하면서 순서에 맞게 써보세요.

`よ`

요 모 기
よもぎ

요 ー 지
ようじ

요 꾸 바 리
よくばり

쑥 │ 이쑤시개 │ 욕심꾸러기

와

わ[wa]는 우리말의 「와」와 거의 같은 발음으로 반모음이다.

와 니
わに

*악어

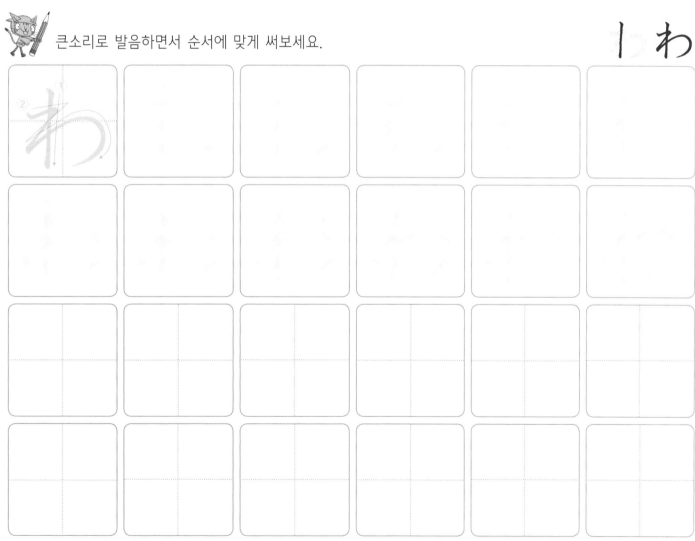

큰소리로 발음하면서 순서에 맞게 써보세요.

わ

와 시
わし

와 나
わな

와 사 비
わさび

독수리 | 올가미 | 고추냉이

응

 **ん[ng]는 다른 글자 밑에서 받침으로만 쓰이며「ㄴ, ㅁ, ㅇ」등으로 발음한다.**

_키 _링
きりん
*기린

 큰소리로 발음하면서 순서에 맞게 써보세요. ん

_칸 _즈 _메
かんづめ

_센 _스
せんす

_카 _방
かばん

통조림 | 부채 | 가방

■ 아래 발음에 알맞는 히라가나를 네모 칸에 써넣으세요.

요	유	야	응	와

■ 한글 발음과 그림을 보고 빈칸에 알맞은 히라가나를 써넣으세요.

야　깡
| | か | |

요 ― 후 꾸
| う | ふ | く |

유 끼 다 루 마
| き | だ | る | ま |

키　링
| き | り | |

와 니
| | に |

센　스
| せ | | す |

オ

を[오]는 あ행의 お와 발음이 같지만 を는 우리말
의 「을(를)」에 해당하는 조사로만 쓰인다.

하 오 미 가 꾸
はを みがく
*이를 닦다

 큰소리로 발음하면서 쓰기 순서에 맞게 써보세요.

ーナを

02. 탁음

탁음이란 청음에 비해 탁한 소리로 **かさたは**행의 글자 오른쪽 윗부분에 탁점(゛)을 붙인 음을 말한다. **だ**행의 **ぢ づ**는 **ざ**행의 **じ ず**와 발음이 같아 지금은 특별한 경우 이외는 쓰이지 않는다.

	あ단	い단	う단	え단	お단
が행	が 가[ga]	ぎ 기[gi]	ぐ 구[gu]	げ 게[ge]	ご 고[go]
ざ행	ざ 자[za]	じ 지[zi]	ず 즈[zu]	ぜ 제[ze]	ぞ 조[zo]
だ행	だ 다[da]	ぢ 지[zi]	づ 즈[zu]	で 데[de]	ど 도[do]
ば행	ば 바[ba]	び 비[bi]	ぶ 부[bu]	べ 베[be]	ぼ 보[bo]

03. 반탁음

반탁음은 **は**행의 오른쪽 윗부분에 반탁점(゜)을 붙인 것을 말하며 우리말의 「ㅍ」과 「ㅃ」의 중간음으로 단어의 첫머리에 올 때는 「ㅍ」에 가깝게 발음하고 단어의 중간이나 끝에 올 때는 「ㅃ」에 가깝게 발음한다.

	あ단	い단	う단	え단	お단
ぱ행	ぱ 파[pa]	ぴ 피[pi]	ぷ 푸[pu]	ぺ 페[pe]	ぽ 포[po]

が행 발음 が[ga]행의 발음은 청음인 か[ka]행의 발음과는 달리 단어의 첫머리나 단어의 끝, 또는 중간에 올 때도 마찬가지로 「가 기 구 게 고」로 발음하며 도쿄 지방에서는 콧소리로 발음한다.

가 ga	が		
기 gi	ぎ		
구 gu	ぐ		
게 ge	げ		
고 go	ご		

화가 — が / か (가 / 까)
열쇠 — か / ぎ (카 / 기)
가구 — か / ぐ (카 / 구)
수염 — ひ / げ (히 / 게)
오후 — ご / ご (고 / 고)

ざ행 발음 ざ[za]행의 발음은 우리말에 없어서 정확히 발음하기 어렵지만 대체적으로 「자 지 즈 제 조」로 발음하면 된다. 입 모양은 さ[sa]행과 동일하다.

자 za	ざ		
지 zi	じ		
즈 zu	ず		
제 ze	ぜ		
조 zo	ぞ		

좌석, 자리 — ざ / せ / き (자 / 세 / 끼)
무지개 — に / じ (니 / 지)
상처, 흠집 — き / ず (키 / 즈)
바람 — か / ぜ (카 / 제)
수수께끼 — な / ぞ (나 / 조)

だ행 발음 だ[da]행의 **だ で ど**는 우리말의 「다 데 도」로 발음하고, **ぢ づ**는 **ざ**행의 **じ ず**와 발음이 동일하며 우리말 「지 즈」로 발음한다.

다 da	だ			
지 zi	ぢ			
즈 zu	づ			
데 de	で			
도 do	ど			

누구 — だれ / だれ (다 레)

코피 — はなぢ (하 나 지)

북 — つづみ (쓰 즈 미)

소매 — そで / そで (소 데)

창, 창문 — まど / まど (마 도)

ば행 발음 ば[ba]행은 우리말의 「바 비 부 베 보」처럼 발음한다. 단, **ぶ**[bu]는 입술을 둥글게 하여 발음하지 않도록 한다.

바 ba	ば			
비 bi	び			
부 bu	ぶ			
베 be	べ			
보 bo	ぼ			

바보 — ばか / ばか (바 까)

뱀 — へび / へび (헤 비)

돼지 — ぶた / ぶた (부 따)

벽 — かべ / かべ (카 베)

나 — ぼく / ぼく (보 꾸)

ぱ행

발음 반탁음 **ぱ[pa]**행은 우리말의 「ㅍ」과 「ㅃ」의 중간음으로 단어의 첫머리에 올 경우에는 「ㅍ」에 가깝게 발음하고 단어의 중간이나 끝에 올 때는 「ㅃ」에 가깝게 발음한다.

파 pa	ぱ	ぱ	
피 pi	ぴ	ぴ	
푸 pu	ぷ	ぷ	
페 pe	ぺ	ぺ	
포 po	ぽ	ぽ	

뿔뿔이

| ぱ | ら | ぱ | ら |
| 파 | 라 | 빠 | 라 |

얼얼함

| ぴ | り | ぴ | り |
| 피 | 리 | 삐 | 리 |

뻐금뻐금

| ぷ | か | ぷ | か |
| 푸 | 까 | 뿌 | 까 |

꼬르륵

| ぺ | こ | ぺ | こ |
| 페 | 꼬 | 뻬 | 꼬 |

따끈따끈

| ぽ | か | ぽ | か |
| 포 | 까 | 뽀 | 까 |

■ 한글 발음과 그림을 보고 빈칸에 알맞은 히라가나를 써넣으세요.

부 따
| | た |

카 제
| か | |

니 지
| に | |

푸 까 뿌 까
| | か | | か |

하 나 지
| は | な | |

요음이란 **い**단 글자 중 자음인 **き し ち に ひ み り ぎ じ び ぴ**에 반모음의 작은 글자 **や ゆ よ**를 붙인 음을 말한다. 즉, **や ゆ よ**는 우리말의 「ㅑ ㅠ ㅛ」같은 역할을 한다.

	~や	~ゆ	~よ
きゃ행	きゃ kya / 캬	きゅ kyu / 큐	きょ kyo / 쿄
しゃ행	しゃ sya(sha) / 샤	しゅ syu(shu) / 슈	しょ syo(sho) / 쇼
ちゃ행	ちゃ cha / 챠	ちゅ chu / 츄	ちょ cho / 쵸
にゃ행	にゃ nya / 냐	にゅ nyu / 뉴	にょ nyo / 뇨
ひゃ행	ひゃ hya / 햐	ひゅ hyu / 휴	ひょ hyo / 효
みゃ행	みゃ mya / 먀	みゅ myu / 뮤	みょ myo / 묘
りゃ행	りゃ rya / 랴	りゅ ryu / 류	りょ ryo / 료
ぎゃ행	ぎゃ gya / 갸	ぎゅ gyu / 규	ぎょ gyo / 교
じゃ행	じゃ zya(ja) / 쟈	じゅ zyu(ju) / 쥬	じょ zyo(jo) / 죠
びゃ행	びゃ bya / 뱌	びゅ byu / 뷰	びょ byo / 뵤
ぴゃ행	ぴゃ pya / 퍄	ぴゅ pyu / 퓨	ぴょ pyo / 표

きゃ행 **발음** **きゃ**[kya]행은 단어의 첫머리에서는 「캬 큐 쿄」로 발음한다. 그러나 단어의 중간이나 끝에서는 「꺄 뀨 꾜」로 강하게 발음한다.

캬 kya	きゃ			손님	
큐 kyu	きゅ			야구	
쿄 kyo	きょ			거리	

しゃ행 **발음** **しゃ**[sya]행은 우리말의 「샤 슈 쇼」처럼 발음하며, 로마자로 표기할 때는 **sya syu syo**와 **sha shu sho** 두 가지로 표기한다.

샤 sya	しゃ			차고	
슈 syu	しゅ			취미	
쇼 syo	しょ			서류	

ちゃ행 **발음** **ちゃ**[cha]행은 단어의 첫머리에서는 「챠 츄 쵸」로 발음하지만, 단어의 중간이나 끝에서는 강한 소리인 「쨔 쮸 쬬」로 발음한다.

챠 cha	ちゃ			갈색	
츄 chu	ちゅ			주차	
쵸 cho	ちょ			조사	

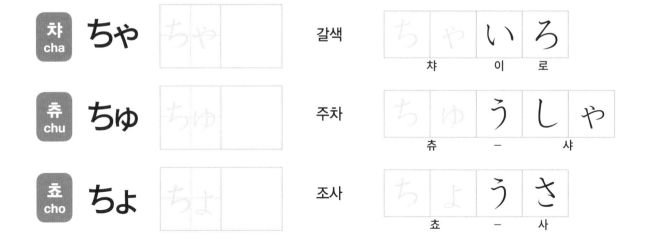

행   **발음** **にゃ**[nya]행은 우리말의 「냐 뉴 뇨」처럼 발음하며, 우리말처럼 단어의 첫머리에 오더라도 「야 유 요」로 발음하지 않는다.

냐 nya	にゃ	にゃ	

입고

にゅ	う	こ
뉴	-	꼬

뉴 nyu	にゅ	にゅ	

기입

き	に	ゅ	う
키	뉴		-

뇨 nyo	にょ	にょ	

아내, 처

に	ょ	う	ぼ	う
뇨		-	보	-

■ 한글 발음과 그림을 보고 빈칸에 알맞은 히라가나를 써넣으세요.

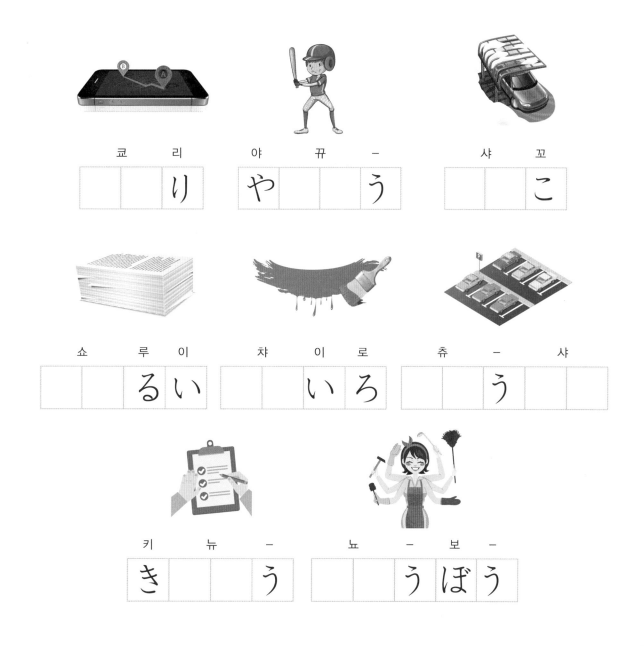

쿄 리
		り

야 뀨 -
や		う

샤 꼬
		こ

쇼 루 이
	る	い

챠 이 로
	い	ろ

츄 - 샤
	う	

키 뉴 -
き		う

뇨 - 보 -
	う	ぼ	う

발음 ひゃ[hya]행은 우리말의「햐 휴 효」처럼 발음하며, 발음이 힘들다고 하여「하 후 호」로 발음하지 않도록 주의한다.

햐 hya	ひゃ		

휴 hyu	ひゅ		

효 hyo	ひょ		

백, 100

평가

대표

 발음 みゃ[mya]행은 우리말의「먀 뮤 묘」처럼 발음하며, 발음하기 힘들다고「마 무 모」로 발음하지 않도록 주의한다.

먀 mya	みゃ		

뮤 myu	みゅ		

묘 myo	みょ		

산맥

묘미

내일

 발음 りゃ[rya]행은 우리말의「랴 류 료」처럼 발음하며, 단어의 첫머리에 오더라도「야 유 요」로 발음하지 않도록 한다.

랴 rya	りゃ		

류 ryu	りゅ		

료 ryo	りょ		

약도

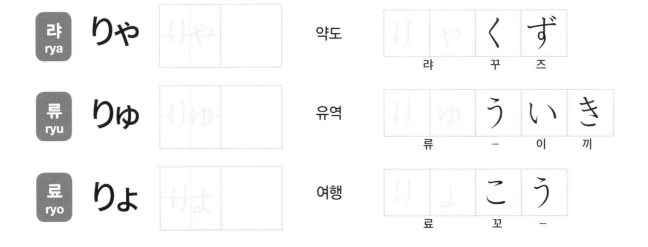

유역

여행

ぎゃ행

발음 **ぎゃ**[gya]행은 **きゃ**[kya]행에 탁음이 붙은 것으로 우리말의「갸 규 교」처럼 발음한다. 단, 단어의 첫머리에서는 유성음으로 발음한다.

갸 gya	ぎゃ	ぎゃ				역습	ぎ	ゃ	く	し	ゅ	う
							갸		꾸	슈		-

규 gyu	ぎゅ	ぎゅ				쇠고기	ぎ	ゅ	う	に	く
							규		-	니	꾸

교 gyo	ぎょ	ぎょ				어류	ぎ	ょ	る	い
							교		루	이

■ 한글 발음과 그림을 보고 빈칸에 알맞은 히라가나를 써넣으세요.

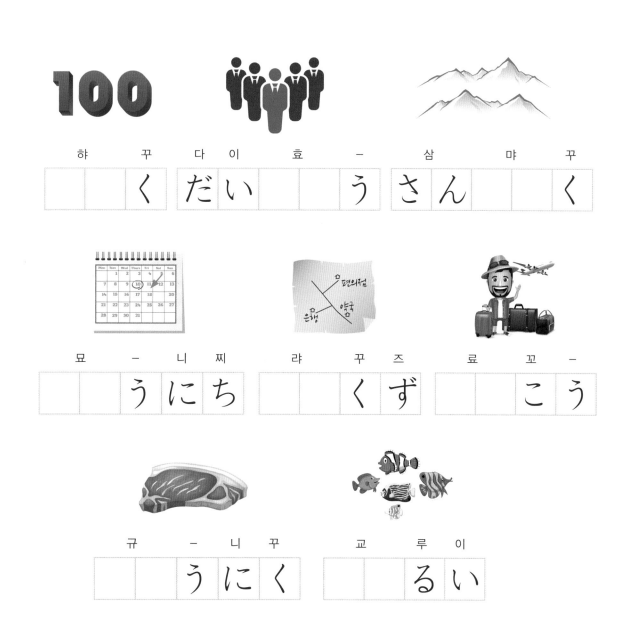

햐	꾸	다	이		효	-		삼	먀	꾸
		く	だ	い		う	さ	ん		く

묘	-	니	찌		랴	꾸	즈		료	꼬	-
		う	に	ち			く	ず		こ	う

규	-	니	꾸		교	루	이
		う	に	く		る	い

발음 じゃ[zya]행은 우리말의 「쟈 쥬 죠」처럼 발음한다. 참고로 **ぢゃ**행은 **じゃ**행과 발음이 동일하여 현대어에서는 거의 쓰이지 않는다.

| 쟈
zya | じゃ | | | 수도꼭지 |  |

| 쥬
zyu | じゅ | | | 노숙 | |

| 죠
zyo | じょ | | | 여성 | |

 발음 ぴゃ[bya]행은 ひゃ[hya]행에 탁음이 붙은 것으로 우리말의 「뱌 뷰 뵤」처럼 발음한다. 「바 부 보」로 발음하지 않도록 주의한다.

| 뱌
bya | びゃ | | | 삼백,
300 | 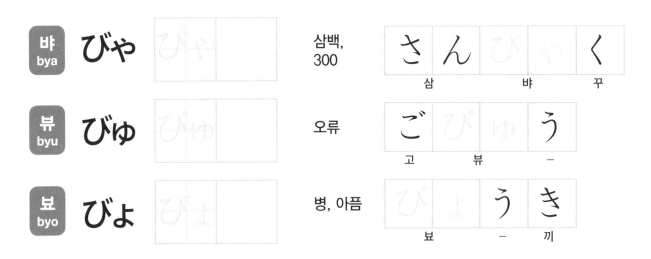 |

| 뷰
byu | びゅ | | | 오류 | |

| 뵤
byo | びょ | | | 병, 아픔 | |

 발음 ぴゃ[pya]행은 단어의 첫머리에서는 「퍄 퓨 표」로 발음하지만, 단어의 중간이나 끝에서는 「뺘 쀼 뾰」로 강하게 발음한다.

| 퍄
pya | ぴゃ | | | 육백,
600 |  |

| 퓨
pyu | ぴゅ | | | 팔백,
800 | |

| 표
pyo | ぴょ | | | 촌평,
단평 | |

■ 한글 발음과 그림을 보고 빈칸에 알맞은 히라가나를 써넣으세요.

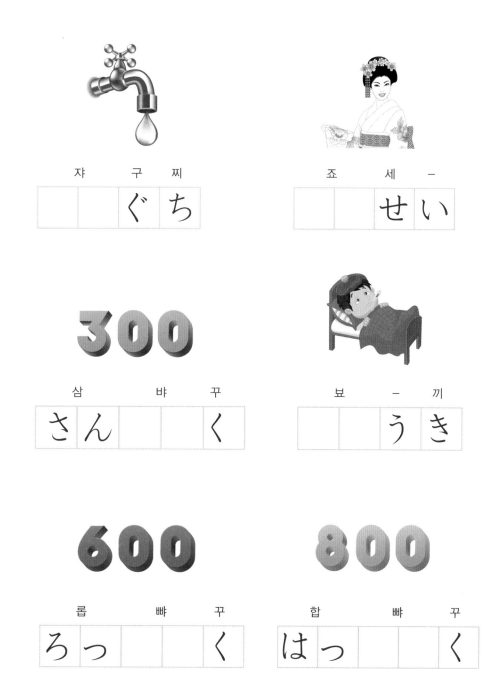

쟈	구	찌
	ぐ	ち

죠	세	―
	せ	い

300

삼		뱌	꾸
さ	ん		く

보	―	끼
	う	き

600

롭		빠	꾸
ろ	っ		く

800

합		빠	꾸
は	っ		く

하네루 음이란 오십음도의 마지막 글자인 **ん**을 말한다. **ん**은 단어의 첫머리에 오지 않으며 항상 다른 글자 뒤에 쓰여 우리말의 받침과 같은 구실을 한다. **ん** 다음에 오는 글자의 영향에 따라 우리말의 「ㄴ(**n**) ㅁ(**m**) ㅇ(**ng**)」으로 소리가 난다.

ㅇ

발음 **ん** 다음에 **か が**행의 글자가 이어지면 「ㅇ(**ng**)」으로 발음한다.

연기

え	ん	き					
엥		끼					

음악

お	ん	が	く				
옹		가	꾸				

ㄴ

발음 **ん** 다음에 **さ ざ た だ な ら**행의 글자가 이어지면 「ㄴ(**n**)」으로 발음한다.

감시

か	ん	し					
칸		시					

몇 시

な	ん	じ					
난		지					

반대

は	ん	た	い				
한		따	이				

연대

ね	ん	だ	い				
넨		다	이				

오늘(날)

こ	ん	に	ち				
콘		니	찌				

신뢰

し	ん	ら	い				
신		라	이				

발음 **ん** 다음에 **ま ば ぱ**행의 글자가 이어지면 「ㅁ(**m**)」으로 발음한다.

안마	あんま 암 · 마		
구경	けんぶつ 켐 · 부 · 쯔		
산책	さんぽ 삼 · 뽀		

 발음 **ん** 다음에 **あ は や わ**행의 글자가 이어지면 「ㄴ(**n**)」과 「ㅇ(**ng**)」의 중간음으로 발음한다.
단어 끝에 **ん**이 와도 마찬가지다.

연애	れんあい 렝 · 아 · 이		
책방	ほんや 홍 · 야		
전화	でんわ 뎅 · 와		
일본	にほん 니 · 홍		

■ 한글 발음과 그림을 보고 빈칸에 알맞은 히라가나를 써넣으세요.

엥　　　끼
え　　　き

옹　가　꾸
お　　がく

칸　　　시
か　　　し

난　　　지
な　　　じ

한　따　이
は　た　い

콘　니　찌
こ　に　ち

암　　　마
あ　　　ま

삼　　　뽀
さ　　　ぽ

홍　　　야
ほ　　　や

뎅　　　와
で　　　わ

촉음이란 막힌 소리의 하나로, 우리말의 받침과 같은 역할을 하는 것을 말한다. 즉, 촉음은 つ를 작을 글자 っ로 표기하여 다른 글자 밑에서 받침으로만 쓴다. 이 촉음은 하나의 음절을 갖고 있으며 뒤에 오는 글자의 영향에 따라 우리말 받침의 「ㄱ ㅅ ㄷ ㅂ」으로 발음한다.

ㄱ **발음** 촉음인 っ 다음에 **か**행인 **か き く け こ**가 이어지면 「ㄱ(k)」으로 발음한다.

결과	け 켁	っ	か 까						

단숨	い 익	っ	き 끼						

ㅅ **발음** 촉음인 っ 다음에 **さ**행인 **さ し す せ そ**가 이어지면 「ㅅ(s)」으로 발음한다.

속히, 재빨리	さ 삿	っ	そ 소	く 꾸				

잡지	ざ 잣	っ	し 시						

ㅂ **발음** 촉음인 っ 다음에 **ぱ**행인 **ぱ ぴ ぷ ぺ ぽ**가 이어지면 「ㅂ(b)」으로 발음한다.

가득	い 입	っ	ぱ 빠	い 이				

꼬리	し 십	っ	ぽ 뽀						

발음 촉음인 っ 다음에 た행인 た ち つ て と가 이어지면 「ㄷ(t)」으로 발음한다.

우표

き	っ	て						

킫 떼

남편

お	っ	と						

옫 또

■ 한글 발음과 그림을 보고 빈칸에 알맞은 히라가나를 써넣으세요.

켁 까

け		か

익 끼

い		き

잣 시

ざ		し

삿 소 꾸

さ		そ	く

입 빠 이

い		ぱ	い

십 뽀

し		ぽ

킫 떼

き		て

옫 또

お		と

07. 장음 ◇◇

 장음이란 같은 모음이 중복될 때 앞의 발음을 길게 발음하는 것을 말한다. 우리말에서는 장음의 구별이 어렵지만 일본어에서는 이것을 확실히 구분하여 쓴다. 따라서 음의 장단에 따라 그 의미가 달라지므로 주의해야 한다. 이 책의 우리말 장음은 편의상 「ー」로 하였음을 일러둔다.

あ   발음   **あ**단에 모음 **あ**가 이어질 경우 뒤의 모음인 **あ**는 장음이 된다.

어머니   お か あ さ ん
오 까 ー 상

할머니   お ば あ さ ん
오 바 ー 상

경우   ば あ い
바 ー 이

い   발음   **い**단에 모음 **い**가 이어질 경우 뒤의 모음인 **い**는 장음이 된다.

할아버지   お じ い さ ん
오 지 ー 상

형님   お に い さ ん
오 니 ー 상

노랗다   き い ろ い
기 ー 로 이

う

발음 **う**단에 모음 **う**가 이어질 경우 뒤의 모음인 **う**는 장음이 된다.

공기　　く う き
　　　　쿠 ― 끼

주위　　し ゅ う い
　　　　슈 ― 이

부부　　ふ う ふ
　　　　후 ― 후

え

발음 **え**단에 모음 **え**나 **い**가 이어질 경우 뒤의 모음인 **え い**는 장음이 된다.

언니, 누나　　お ね え さ ん
　　　　　　오 네 ― 상

영화　　え い が
　　　　에 ― 가

お

발음 **お**단에 모음 **お**나 **う**가 이어질 경우 뒤의 모음인 **お う**는 장음이 된다.

얼음　　こ お り
　　　　코 ― 리

두부　　と う ふ
　　　　토 ― 후

아버지　　お と う さ ん
　　　　　오 또 ― 상

■ 한글 발음과 그림을 보고 빈칸에 알맞은 히라가나를 써넣으세요.

오 까 상
おか □ さん

오 바 상
おば □ さん

오 지 상
おじ □ さん

오 니 상
おに □ さん

쿠 끼
く □ き

후 후
ふ □ ふ

오 네 상
おね □ さん

에 가
え □ が

코 리
こ □ り

오 또 상
おと □ さん

일본어 문자와 발음 단숨에 따라잡기

PART 2

가타카나
단숨에
따라잡기

청음이란 목의 저항이 없는 맑은 소리로, 아래의 오십음도 표에 나와 있는 5단 10행의 46(ン은 제외)자를 말한다. 단은 모음에 의해 나누어진 세로 표, 행은 자음에 의해 나누어진 가로 표를 말한다.

	ア단	イ단	ウ단	エ단	オ단
ア행	ア 아[a]	イ 이[i]	ウ 우[u]	エ 에[e]	オ 오[o]
カ행	カ 카[ka]	キ 키[ki]	ク 쿠[ku]	ケ 케[ke]	コ 코[ko]
サ행	サ 사[sa]	シ 시[shi]	ス 스[su]	セ 세[se]	ソ 소[so]
タ행	タ 타[ta]	チ 치[chi]	ツ 츠[tsu]	テ 테[te]	ト 토[to]
ナ행	ナ 나[na]	ニ 니[ni]	ヌ 누[nu]	ネ 네[ne]	ノ 노[no]

오십음도에서 **ア イ ウ エ オ**는 모음, **ヤ ユ ヨ ワ**는 반모음이며 나머지는 자음이다. 일본어 문자는 우리 한글과는 달리 자음과 모음을 합쳐진 음절 문자이다.

	ア단	イ단	ウ단	エ단	オ단
ハ행	ハ 하[ha]	ヒ 히[hi]	フ 후[fu]	ヘ 헤[he]	ホ 호[ho]
マ행	マ 마[ma]	ミ 미[mi]	ム 무[mu]	メ 메[me]	モ 모[mo]
ヤ행	ヤ 야[ya]		ユ 유[yu]		ヨ 요[yo]
ラ행	ラ 라[ra]	リ 리[ri]	ル 루[ru]	レ 레[re]	ロ 로[ro]
ワ행	ワ 와[wa]		ン 응[ng]		ヲ 오[o]

아

ア[a]는 우리말의 「아」와 거의
같은 발음이며 일본어 모음의 하나이다.

아 이 롱
アイロン
*다리미

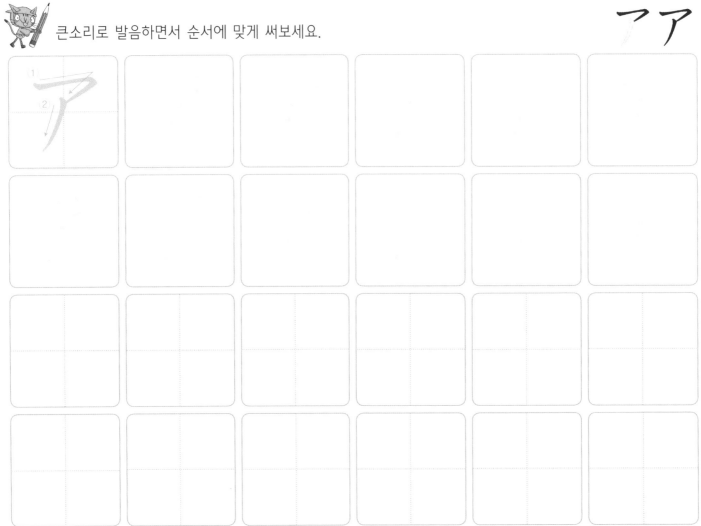

큰소리로 발음하면서 순서에 맞게 써보세요.

ア ア

안 떼 나
アンテナ

아 루 바 무
アルバム

아 메 리 까
アメリカ

안테나 | 앨범 | 미국

イ

이

イ[i]는 우리말의 「이」와 거의 비슷하며 입을 양 옆으로 벌려서 발음한다.

인 따 ― 홍
インターホン
*인터폰

ノイイ

큰소리로 발음하면서 순서에 맞게 써보세요.

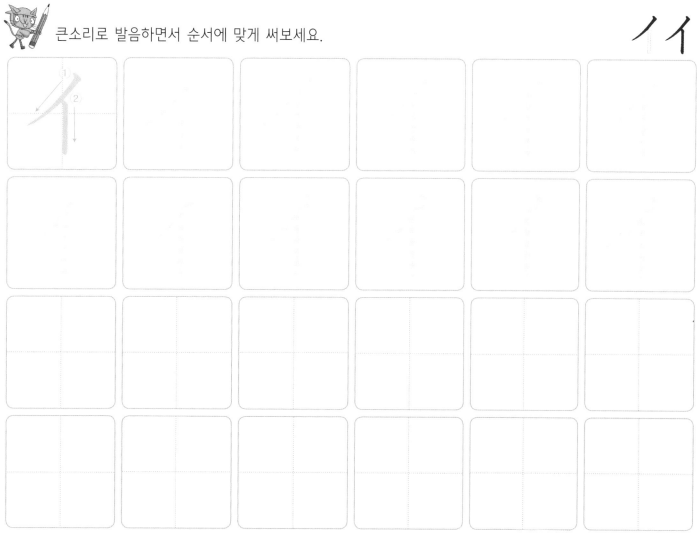

이 기 리 스
イギリス

이 아 링 구
イアリング

마 이 꾸
マイク

영국 | 이어링(귀걸이) | 마이크 *「ー」는 길게 발음하는 장음 표시이다.

우

ウ[u]는 우리말 「우」와 「으」의 중간음으로 입술이 앞으로 너무 튀어나오지 않도록 발음한다.

우 에 하 ー 스
ウエハース

*웨하스

 큰소리로 발음하면서 순서에 맞게 써보세요.

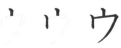

우 꾸 레 레	우 루 또 라	우 이 루 스
ウクレレ	**ウルトラ**	**ウイルス**

우쿨렐레 | 울트라 | 바이러스

에

エ[e]는 우리말의 「에」와 「애」의 중간음으로 일본어 모음의 하나이다.

에 스 끼 모 ―
エスキモー

*에스키모

 큰소리로 발음하면서 순서에 맞게 써보세요.

エ エ エ

에 아 꽁
エアコン

엔 징
エンジン

에 뿌 롱
エプロン

에어컨 | 엔진 | 에이프런

オ

オ[o]는 우리말의 「오」와 거의 같은 발음이며 모음의 하나이다.

오 – 또 바 이
オートバイ

*오토바이

큰소리로 발음하면서 순서에 맞게 써보세요.

一 寸 オ

오 렌 지
オレンジ

오 뻬 라
オペラ

오 무 레 쯔
オムレツ

오렌지 | 오페라 | 오믈렛

■ 아래 발음에 알맞는 가타카나를 네모 칸에 써넣으세요.

이	우	아	오	에

■ 한글 발음과 그림을 보고 빈칸에 알맞은 가타카나를 써넣으세요.

아	이	롱	
		ロ	ン

마	이	꾸
マ		ク

오	렌	지	
	レ	ン	ジ

에	스	끼	모	ㅡ
	ス	キ	モ	ー

에	뿌	롱	
	プ	ロ	ン

우	에	하	ㅡ	스
		ハ	ー	ス

카

カ[ka]는 우리말의 「카」와 「가」의 중간음으로 단어의 중간이나 끝에 오면 「까」에 가깝게 발음한다.

카 메 라
カメラ
*카메라

 큰소리로 발음하면서 순서에 맞게 써보세요.

フ カ

카 ー 뗑	카 나 다	카 메 레 옹
カーテン	**カナダ**	**カメレオン**

커튼 │ 캐나다 │ 카멜레온

92

키

キ [ki]는 첫음절이 아닌 단어의 중간이나 끝에 오면 「끼」에 가깝게 발음한다.

키 우 이
キウイ
*키위

 큰소리로 발음하면서 순서에 맞게 써보세요.

キ ニ キ

키 ー	키 무 찌	키 ー 빠 ー
キー	**キムチ**	**キーパー**

키(열쇠) | 김치 | (골)키퍼

ク

ク[ku]는 첫음절이 아닌 단어의 중간이나 끝에 오면 「꾸」에 가깝게 발음한다.

쿠 리 스 마 스
クリスマス
*크리스마스

 큰소리로 발음하면서 순서에 맞게 써보세요.

ノ ク

쿠 이 즈
クイズ

쿠 레 용
クレヨン

쿡 끼 ー
クッキー

퀴즈 | 크레용 | 쿠키

케

 ケ[ke]는 단어의 첫음절이 아닌 중간이나 끝에 오면 「께」에 가깝게 발음한다.

케 ― 부 루 까 ―
ケーブルカー
*케이블카

 큰소리로 발음하면서 순서에 맞게 써보세요.

ノ ケ ケ

케 ― 지
ケージ

케 ― 스
ケース

케 ― 끼
ケーキ

케이지(새장) | 케이스(상자) | 케이크

95

コ

 ク[ko]는 단어의 첫음절이 아닌 중간이나
끝에 오면 「꼬」에 가깝게 발음한다.

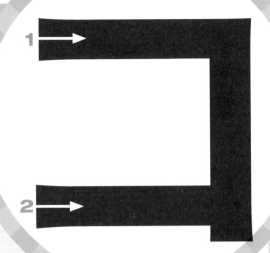

코 아 라
コアラ

*코알라

 큰소리로 발음하면서 순서에 맞게 써보세요.

コ コ

코 꼬 아
ココア

코 카 꼬 ー 라
コカコーラ

코 ー 히 ー
コーヒー

코코아 | 코카콜라 | 커피

■ 아래 발음에 알맞는 가타카나를 네모 칸에 써넣으세요.

코	키	쿠	카	케

■ 한글 발음과 그림을 보고 빈칸에 알맞은 가타카나를 써넣으세요.

키 우 이
	ウ	イ

코 아 라
	ア	ラ

카 메 라
	メ	ラ

쿠 이 즈
	イ	ズ

쿠 리 스 마 스
	リ	ス	マ	ス

케 ― 끼
	―	

サ

サ[sa]는 우리말의 「사」에 가까운 발음으로 일본어 자음의 하나이다.

사 라 다
サラダ

*샐러드

큰소리로 발음하면서 순서에 맞게 써보세요.

ー++サ

사 이 렌
サイレン

사 ー 까 스
サーカス

사 보 뗑
サボテン

사이렌 | 서커스 | 선인장

シ[shi]는 우리말의 「쉬」에 가까운
「시」 발음으로 일본어 자음의 하나이다.

시

시 ― 소 ―
シーソー
*시소

 큰소리로 발음하면서 순서에 맞게 써보세요.

ソ シ シ

시 ― 쯔
シーツ

샤 쯔
シャツ

샤 와 ―
シャワー

시트 | 셔츠 | 샤워

ス

ス[su]는 우리말의 「수」와 「스」의
중간음으로 「스」에 가깝게 발음한다.

스립빠
スリッパ
*슬리퍼

큰소리로 발음하면서 순서에 맞게 써보세요.

フ ス

스 잇 찌
スイッチ

스 까 ー 또
スカート

스 께 ー 또
スケート

스위치 │ 스커트(치마) │ 스케이트

세

セ[se]는 우리말의 「세」와 비슷한 발음으로 자음이다.

세 ― 따 ―
セーター

*스웨터

 큰소리로 발음하면서 순서에 맞게 써보세요.

세 루 후	세 로 리	세 멘 또
セルフ	**セロリ**	**セメント**

셀프 | 셀러리 | 시멘트

소

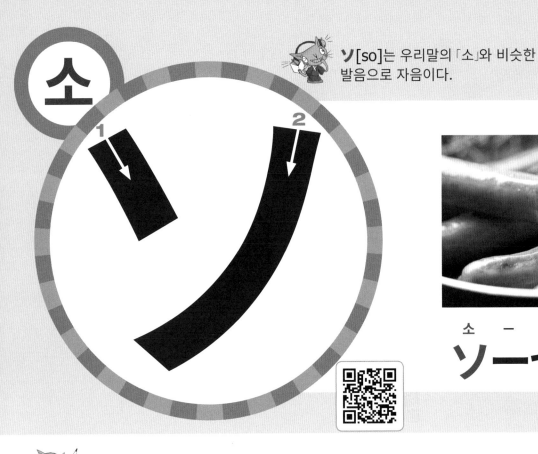

ソ[so]는 우리말의 「소」와 비슷한 발음으로 자음이다.

소 — 세 — 지
ソーセージ

*소시지

큰소리로 발음하면서 순서에 맞게 써보세요.

ゝ ソ

소 껫 또
ソケット

소 — 스
ソース

소 화 —
ソファー

■ 아래 발음에 알맞는 가타카나를 네모 칸에 써넣으세요.

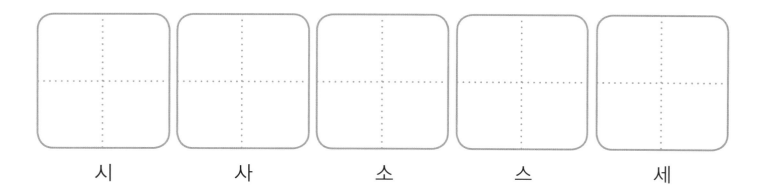

| 시 | 사 | 소 | 스 | 세 |

■ 한글 발음과 그림을 보고 빈칸에 알맞은 가타카나를 써넣으세요.

세 ― 따 ―

| ― | タ | ― |

사 라 다

| | ラ | ダ |

스 립 빠

| | リ | ッ | パ |

세 멘 또

| | メ | ン | ト |

소 ― 세 ― 지

| | ― | | ― | ジ |

시 ― 소 ―

| | ― | | ― |

타

タ[ta]는 「타」와 「다」의 중간음으로 단어의 중간이나 끝에 올 때는 「따」에 가깝게 발음한다.

타 오 루
タオル

*타월

ノクタ

 큰소리로 발음하면서 순서에 맞게 써보세요.

타 와 ー
タワー

타 꾸 시 ー
タクシー

타 이 마 ー
タイマー

타워 | 택시 | 타이머

치

チ[chi]는 단어의 첫음절이 아닌 중간이나 끝에 올 때는「찌」에 가깝게 발음한다.

치 ー 즈
チーズ
*치즈

 큰소리로 발음하면서 순서에 맞게 써보세요.

チ チ チ

치 ー 따 ー	치 ー 껫 또	침 빤 지 ー
チーター	**チケット**	**チンパンジー**

치타 | 티켓 | 침팬지

ツ

ツ[tsu]는 우리말의 「쓰」,「쯔」,「츠」의 복합적인 음으로 단어의 중간이나 끝에 올 때는 약간 된소리로 발음한다.

츠 아 ー
ツアー
*투어

 큰소리로 발음하면서 순서에 맞게 써보세요.

ツ ツ ツ

츠 잉
ツイン

츠 리 ー
ツリー

츠 잇 따 ー
ツイッター

테

テ[te]는 단어의 첫음절이 아닌 중간이나 끝에 올 때는 「떼」에 가깝게 발음한다.

테 레 비
テレビ
*텔레비전

 큰소리로 발음하면서 순서에 맞게 써보세요.

テ テ テ

테 ー 뿌
テープ

테 니 스
テニス

텐 또
テント

테이프 | 테니스 | 텐트

토

ト[to]는 단어의 첫음절이 아닌 중간이나
끝에 올 때는 「또」에 가깝게 발음한다.

토 마 또
トマト

*토마토

큰소리로 발음하면서 순서에 맞게 써보세요.

ㅑ ト

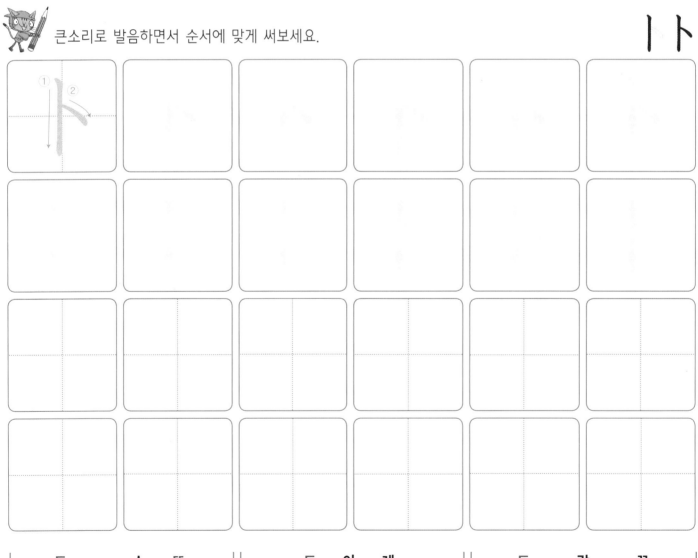

토 ㅡ 스 또
トースト

토 이 레
トイレ

토 락 꾸
トラック

토스트 | 화장실 | 트럭

■ 아래 발음에 알맞는 가타카나를 네모 칸에 써넣으세요.

토	치	타	츠	테

■ 한글 발음과 그림을 보고 빈칸에 알맞은 가타카나를 써넣으세요.

테 레 비

	レ	ビ

치 ㅡ 즈

	ㅡ	ズ

츠 리 ㅡ

	リ	ー

츠 아 ㅡ

	ア	ー

토 마 또

	マ	

타 오 루

	オ	ル

나

ナ[na]는 우리말의 「나」와 거의 같은 발음으로 일본어 자음의 하나이다.

나 이 후
ナイフ

*나이프(칼)

큰소리로 발음하면서 순서에 맞게 써보세요.

一 ナ

나 ー 스
ナース

남 바 ー
ナンバー

나 뿌 낑
ナプキン

너스(간호사) | 넘버(번호) | 냅킨

ニ

ニ[ni]는 우리말의 「니」와 거의 같은 발음으로 자음이다.

1 →
2 →

뉴　ー　스
ニュース
*뉴스

 큰소리로 발음하면서 순서에 맞게 써보세요.

ニ　ニ

① →　② →					

니　라
ニラ

닛　또
ニット

니　구　로
ニグロ

부추 | 니트 | 니그로(흑인)

111

누

ヌ[nu]는 우리말의 「누」와 거의 비슷한 발음으로 자음이다.

카 누 ー
カヌー
*카누

 큰소리로 발음하면서 순서에 맞게 써보세요.

フ ヌ

누 ー 도 루	누 ー 또 리 아	누 꾸 떼 ー
ヌードル	**ヌートリア**	**ヌクテー**

누들(국수) | 뉴트리아 | 늑대

112

네

ネ[ne]는 우리말의 「네」와 거의 비슷한 발음으로 자음이다.

네 꾸 따 이
ネクタイ
*넥타이

 큰소리로 발음하면서 순서에 맞게 써보세요.

ネ ネ ネ ネ

네 옹
ネオン

네 스 또
ネスト

넥 꾸 레 스
ネックレス

네온 | 네스트(둥지) | 네클리스(목걸이)

ノ

ノ[no]는 우리말의 「노」와 거의 비슷한 발음으로 자음이다.

ノ ― ト
*노트(공책)

큰소리로 발음하면서 순서에 맞게 써보세요.

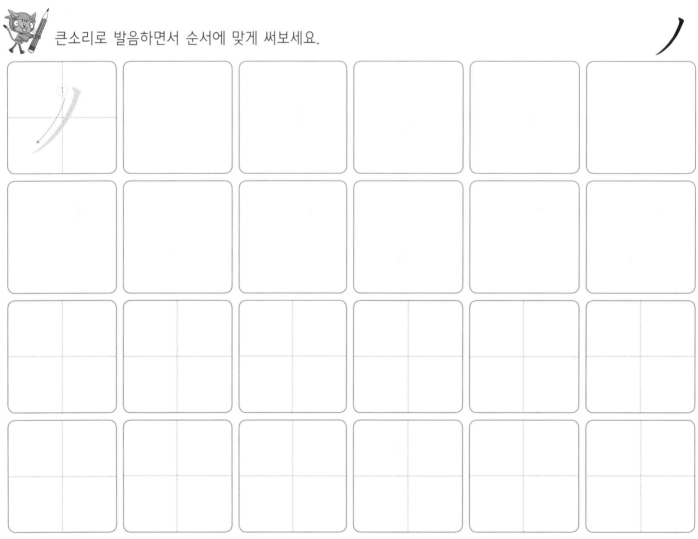

노 즈 루
ノズル

녹 꾸
ノック

노 이 로 ― 제
ノイローゼ

노즐 | 노크 | 노이로제

■ 아래 발음에 알맞는 가타카나를 네모 칸에 써넣으세요.

나	누	니	노	네

■ 한글 발음과 그림을 보고 빈칸에 알맞은 가타카나를 써넣으세요.

카　누　ー

カ		ー

나　이　후

	イ	フ

노　ー　또

	ー	ト

네　옹

	オ	ン

뉴　ー　스

	ユ	ー	ス

네　꾸　따　이

	ク	タ	イ

ハ

ハ[ha]는 우리말의 「하」와 거의
비슷한 발음으로 자음의 하나이다.

하 ー 모 니 까
ハーモニカ
*하모니카

큰소리로 발음하면서 순서에 맞게 써보세요.

ノ ハ

하 ー 또
ハート

함 바 ー 구
ハンバーグ

하 이 히 ー 루
ハイヒール

하트 | 햄버거 | 하이힐

116

히

ヒ[hi]는 우리말의 「히」와 거의 비슷한 발음으로 자음이다.

히 － 따 －
ヒーター

*히터

큰소리로 발음하면서 순서에 맞게 써보세요.

ㅡ ヒ

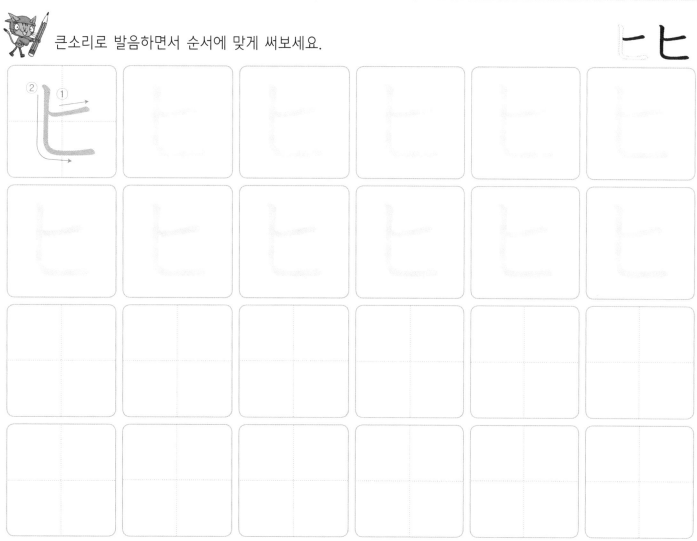

힛 또
ヒット

히 아 링 구
ヒアリング

히 － 로 －
ヒーロー

히트 | 히어링(듣기) | 히어로(영웅)

후

フ[fu]는 우리말의 「후」와 거의 비슷한 발음으로 자음이다.

후 루 - 또
フルート
*플루트

큰소리로 발음하면서 순서에 맞게 써보세요.

フ

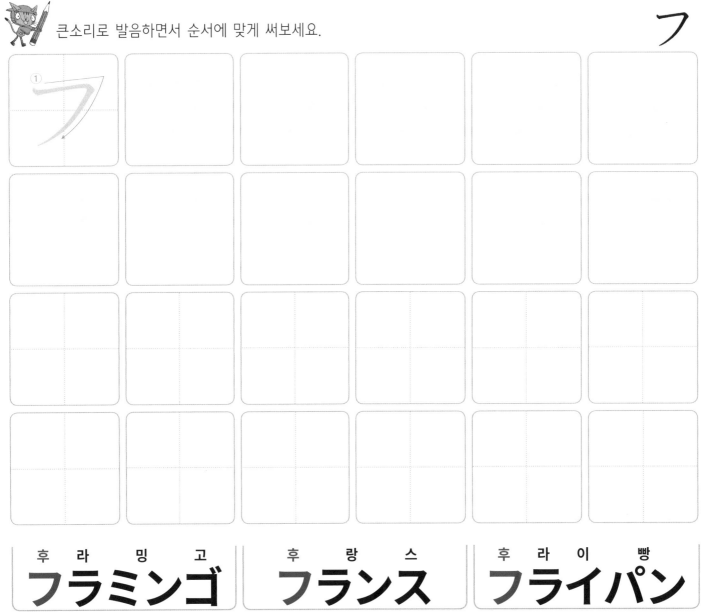

후 라 밍 고
フラミンゴ

후 랑 스
フランス

후 라 이 빵
フライパン

플라밍고 | 프랑스 | 프라이팬

헤

 へ[he]는 우리말의 「헤」와 거의 비슷한 발음이다.

헤 리 꼬 뿌 따 ―
ヘリコプター
*헬리콥터

 큰소리로 발음하면서 순서에 맞게 써보세요. ヘ

헤 루 멧 또
ヘルメット

헤 루 스 꾸 라 부
ヘルスクラブ

헤 루 빠 ―
ヘルパー

헬멧 | 헬스클럽 | 헬퍼(돕는 사람)

호

ホ[ho]는 우리말의 「호」와 거의 비슷한 발음으로 자음이다.

호 － ス
ホース
*호스

 큰소리로 발음하면서 순서에 맞게 써보세요.

一 ナ オ ホ

호 떼 루	호 룽	호 찌 끼 스
ホテル	**ホルン**	**ホチキス**

호텔 | 호른 | 호치키스

■ 아래 발음에 알맞는 가타카나를 네모 칸에 써넣으세요.

히	후	하	호	헤

■ 한글 발음과 그림을 보고 빈칸에 알맞은 가타카나를 써넣으세요.

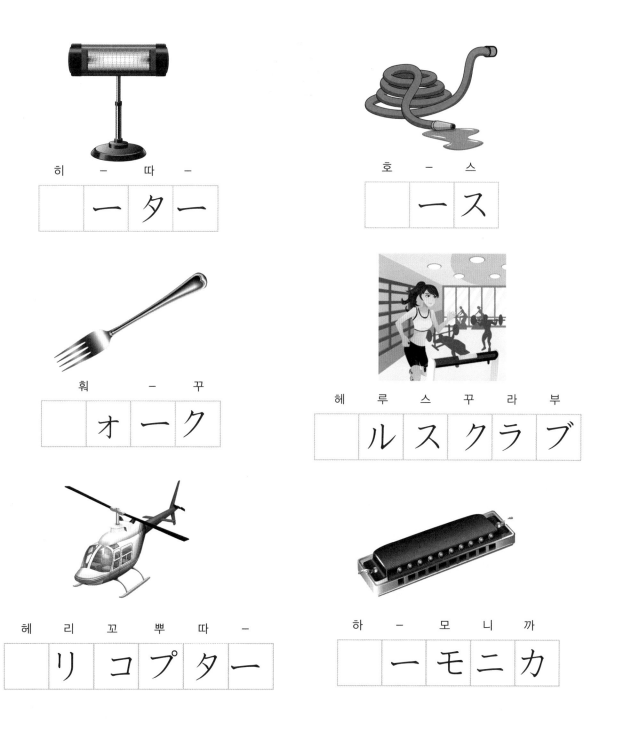

히 ― 따 ―
	ー	タ	ー

호 ― 스
	ー	ス

훠 ― 꾸
	オ	ー	ク

헤 루 스 꾸 라 부
	ル	ス	ク	ラ	ブ

헤 리 꼬 뿌 따 ―
	リ	コ	プ	ター	

하 ― 모 니 까
	ー	モ	ニ	カ

마

マ[ma]는 우리말의 「마」와 거의 비슷한 발음으로 자음이다.

마 후 라 -
マフラー

*머플러

큰소리로 발음하면서 순서에 맞게 써보세요.

フ マ

마 우 스
マウス

마 스 꾸
マスク

마 네 낑
マネキン

마우스 | 마스크 | 마네킹

122

미

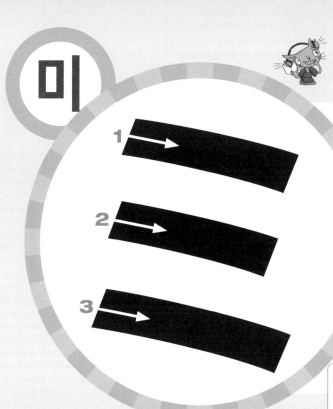

ミ[mi]는 우리말의 「미」와 거의 비슷한 발음으로 자음이다.

미　루　꾸
ミルク

*밀크(우유)

큰소리로 발음하면서 순서에 맞게 써보세요.

ミミミ

미　끼　사　ー
ミキサー

미　싱
ミシン

미　니　까　ー
ミニカー

믹서 ｜ 미싱(재봉틀) ｜ 미니카

무

ム[mu]는 우리말의 「무」와 거의 비슷한 발음으로 자음이다.

하 무
ハム

*햄

 큰소리로 발음하면서 순서에 맞게 써보세요.

ム ム

무 ー 비 ー
ムービー

무 ー 도
ムード

베 또 나 무
ベトナム

메

メ[me]는 우리말의 「메」와 거의 비슷한 발음으로 자음이다.

메　롱
メロン
*멜론

큰소리로 발음하면서 순서에 맞게 써보세요.

ノ メ

메　모
メモ

메　다　루
メダル

메　뉴　-
メニュー

메모 | 메달 | 메뉴

모

モ[mo]는 우리말의 「모」와 거의 비슷한 발음으로 자음이다.

모 노 레 ー 루
モノレール

*모노레일

큰소리로 발음하면서 순서에 맞게 써보세요.

モ ニ モ

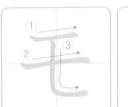

모 데 루
モデル

모 ー 따 ー
モーター

모 니 따 ー
モニター

모델 | 모터 | 모니터

126

■ 아래 발음에 알맞는 가타카나를 네모 칸에 써넣으세요.

미	무	마	모	메

■ 한글 발음과 그림을 보고 빈칸에 알맞은 가타카나를 써넣으세요.

미 루 꾸
| | ル | ク |

메 롱
| | ロ | ン |

하 무
| ハ | |

모 데 루
| | デ | ル |

모 노 레 — 루
| | ノ | レ | ー | ル |

마 후 라 —
| | フ | ラ | ー |

라

ラ[ra]는 우리말의 「라」와 같은 발음으로
단어의 첫머리에 오더라도 「라」로 발음한다.

라　이　옹
ライオン

*라이온(사자)

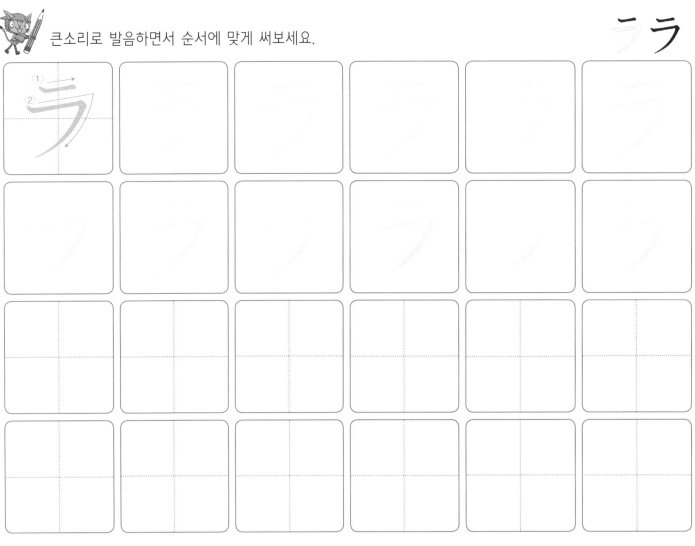

큰소리로 발음하면서 순서에 맞게 써보세요.

ラ

라　껫　또
ラケット

라　잉
ライン

라　ー　멩
ラーメン

라켓 | 라인(선) | 라면

리

リ[ri]는 우리말의 「리」와 같으며 단어의 첫머리에 오더라도 「리」로 발음한다.

리 봉
リボン
*리본

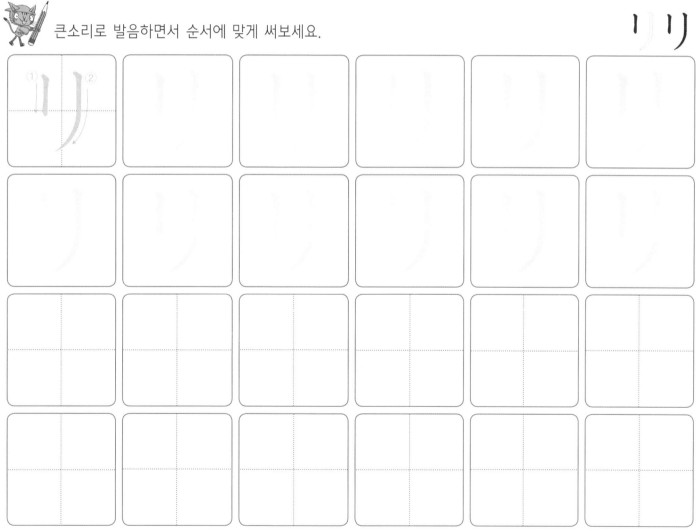

큰소리로 발음하면서 순서에 맞게 써보세요.

リ リ

리 즈 무	리 사 이 꾸 루	리 모 꽁
リズム	**リサイクル**	**リモコン**

리듬 | 리사이클(재활용) | 리모컨

루

ル[ru]는 우리말의 「루」와 같은 발음으로 단어의 첫머리에 오더라도 「루」로 발음한다.

루　ー　렛　또
ルーレット
*룰렛

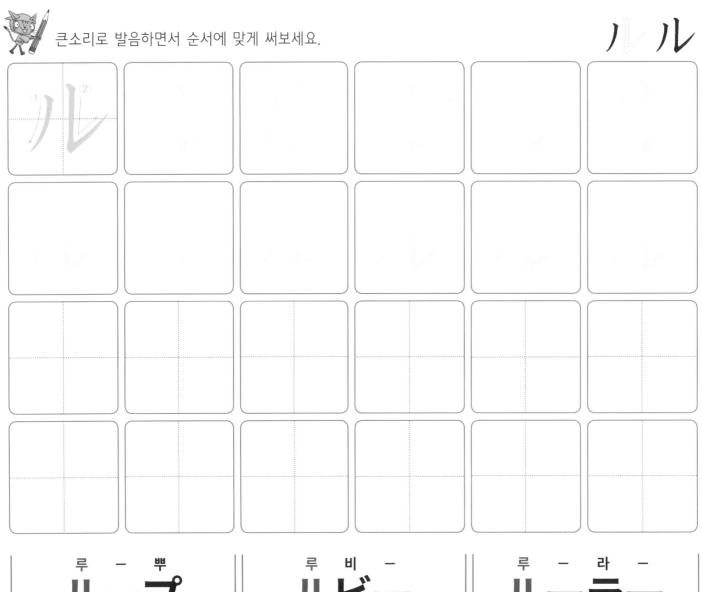

큰소리로 발음하면서 순서에 맞게 써보세요.

ノ　ル

루　ー　뿌
ループ

루비　ー
ルビー

루　ー　라　ー
ルーラー

루프(고리) | 루비 | 룰러(제도용 자)

레

レ[re]는 우리말의 「레」와 같은 발음으로 단어의 첫머리에 오더라도 「레」로 발음한다.

레 몽
レモン

*레몬

큰소리로 발음하면서 순서에 맞게 써보세요.

レ

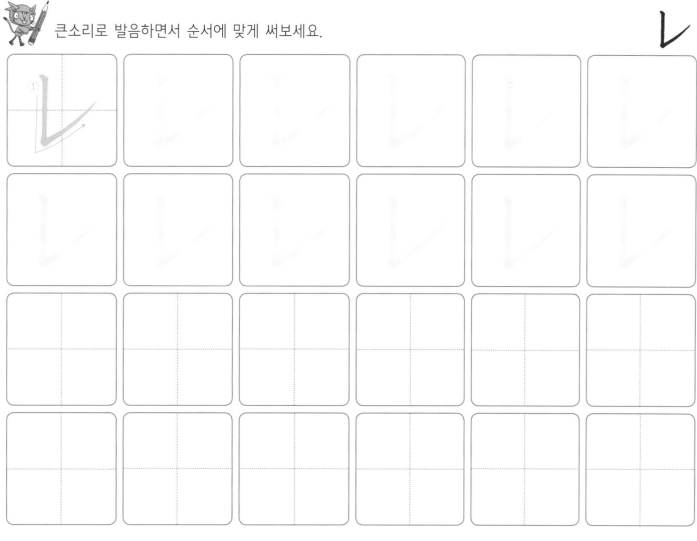

레 꼬 ─ 도	레 미 꽁	레 잉 꼬 ─ 또
レコード	レミコン	レインコート

레코드 | 레미콘 | 레인코트(비옷)

로

ㅁ[ro]는 우리말의 「로」와 같은 발음으로 단어의 첫머리에 오더라도 「로」로 발음한다.

로 ― 뿌
ロープ

*로프(줄)

큰소리로 발음하면서 순서에 맞게 써보세요.

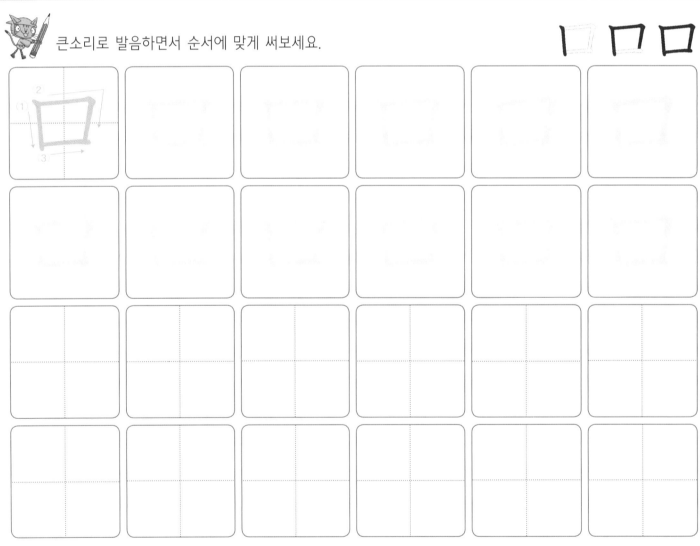

로 껫 또
ロケット

로 봇 또
ロボット

로 ― 라 ―
ローラー

로켓 | 로봇 | 롤러

■ 아래 발음에 알맞는 가타카나를 네모 칸에 써넣으세요.

레	루	로	리	라

■ 한글 발음과 그림을 보고 빈칸에 알맞은 가타카나를 써넣으세요.

레　몽
	モ	ン

로　ー　뿌
	ー	プ

리　봉
	ボ	ン

리　사　이　꾸　루
	サ	イ	ク	

루　ー　렛　또
	ー		ッ	ト

라　이　옹
	イ	オ	ン

야

ヤ[ya]는 우리말의 「야」와 거의 비슷한 발음으로 반모음이다.

야 꾸
ヤク
*야크

큰소리로 발음하면서 순서에 맞게 써보세요.

⌐ヤ

야 기	타 이 야	야 시
ヤギ	**タイヤ**	**ヤシ**

염소 | 타이어 | 야자나무

유

그[yu]는 우리말의 「유」와 거의 비슷한 발음으로 반모음이다.

유 니 호 ― 무
ユニホーム

*유니폼

큰소리로 발음하면서 순서에 맞게 써보세요.

ㄱ ユ

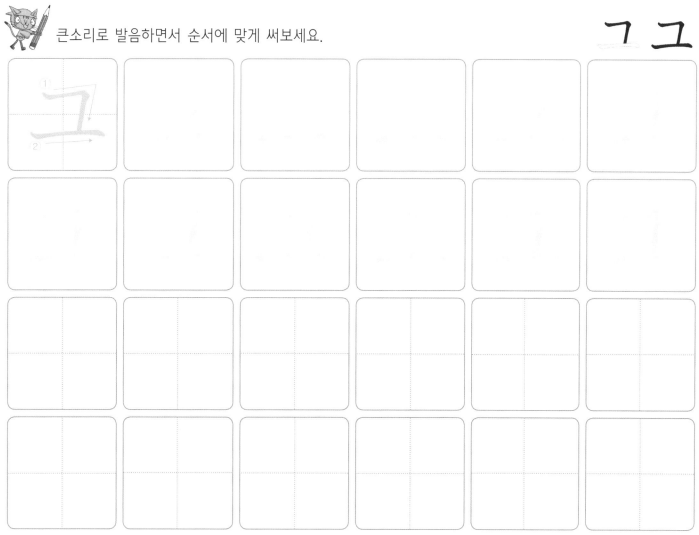

유 ― 로	유 ― 모 아	유 ― 까 리
ユーロ	**ユーモア**	**ユーカリ**

유로 | 유머 | 유칼리

요

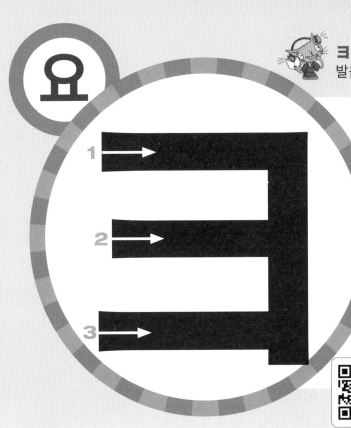

ㅋ[yo]는 우리말의 「요」와 거의 비슷한 발음으로 반모음이다.

욧 또
ヨット
*요트

큰소리로 발음하면서 순서에 맞게 써보세요.

ㄱㅋㅋ

요 ― 구 루 또	요 ― 롭 빠	요 가
ヨーグルト	ヨーロッパ	ヨガ

요구르트 | 유럽 | 요가

와

ワ[wa]는 우리말의 「와」와 거의 같은 발음으로 반모음이다.

와 루 쯔
ワルツ

*왈츠

큰소리로 발음하면서 순서에 맞게 써보세요.

ノ ワ

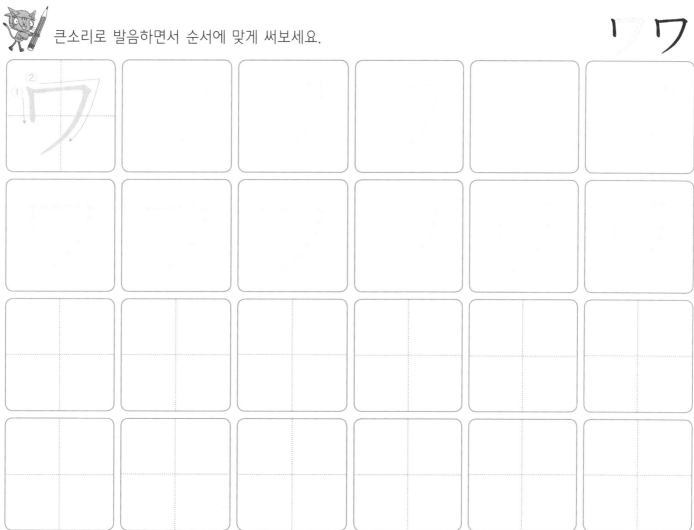

와 이 샤 쯔	와 이 빠 -	왐 삐 - 스
ワイシャツ	**ワイパー**	**ワンピース**

와이셔츠 │ 와이퍼 │ 원피스

137

응

ン[ng]는 다른 글자 밑에서 받침으로만
쓰이며 「ㄴ, ㅁ, ㅇ」등으로 발음한다.

펭　　　깅
ペンギン

*펭귄

 큰소리로 발음하면서 순서에 맞게 써보세요.　　　　　　　　　ヽ ン

팡
パン

즈 봉
ズボン

항　까 찌
ハンカチ

빵 ｜ 바지 ｜ 손수건

■ 아래 발음에 알맞는 가타카나를 네모 칸에 써넣으세요.

유	야	요	응	와

■ 한글 발음과 그림을 보고 빈칸에 알맞은 가타카나를 써넣으세요.

타 이 야

タ	イ	

욧 또

	ッ	ト

유 니 호 ㅡ 무

	ニ	ホ	ー	ム

야 꾸

	ク

펭 깅

ペ		ギ	

와 이 샤 쯔

イ	シ	ャ	ツ

오

ヲ[o]는 ア행의 オ와 발음이 같아 현대어에서는
특별한 경우를 제외하곤 거의 쓰이지 않는다.

 큰소리로 발음하면서 순서에 맞게 써보세요.

ワラヲ

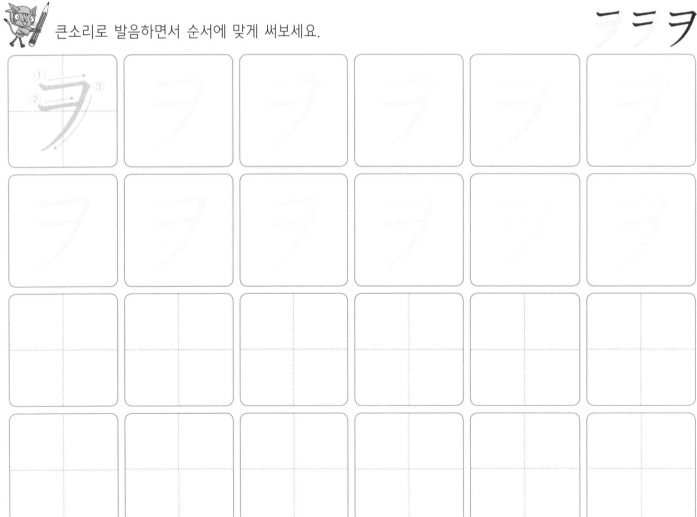

02. 탁음

탁음이란 청음에 비해 탁한 소리로 **カ サ タ ハ**행의 글자 오른쪽 윗부분에 탁점(〬)을 붙인 음을 말한다. **ダ**행의 **ヂ ヅ**는 **ザ**행의 **ジ ズ**와 발음이 같아 현대어에는 특별한 경우 이외는 거의 쓰이지 않는다.

	ア단	イ단	ウ단	エ단	オ단
ガ행	ガ 가[ga]	ギ 기[gi]	グ 구[gu]	ゲ 게[ge]	ゴ 고[go]
ザ행	ザ 자[za]	ジ 지[zi]	ズ 즈[zu]	ゼ 제[ze]	ゾ 조[zo]
ダ행	ダ 다[da]	ヂ 지[zi]	ヅ 즈[zu]	デ 데[de]	ド 도[do]
バ행	バ 바[ba]	ビ 비[bi]	ブ 부[bu]	ベ 베[be]	ボ 보[bo]

03. 반탁음

반탁음은 **ハ**행의 오른쪽 윗부분에 반탁점(〬)을 붙인 것이다. 우리말의 「ㅍ」과 「ㅃ」의 중간음으로 단어의 첫머리에 올 때는 「ㅍ」에 가깝게 발음하고, 단어의 중간이나 끝에 올 때는 「ㅃ」에 가깝게 발음한다.

	ア단	イ단	ウ단	エ단	オ단
パ행	パ 파[pa]	ピ 피[pi]	プ 푸[pu]	ペ 페[pe]	ポ 포[po]

ガ행 　　발음 **ガ**[ga]행의 발음은 청음인 **カ**[ka]행의 발음과는 달리 단어의 첫머리나 단어의 끝, 중간에 올 때도 마찬가지로「가 기 구 게 고」로 발음하며 도쿄 지방에서는 콧소리로 발음한다.

가 ga	ガ				가스	ガ ス		ガ ス	
기 gi	ギ				기타	ギ タ ー			
구 gu	グ				그램	グ ラ ム			
게 ge	ゲ				게임	ゲ ー ム			
고 go	ゴ				골	ゴ ー ル			

ザ행 　　발음 **ザ**[za]행의 발음은 우리말에 없어서 정확히 발음하기 어렵지만 대체적으로「자 지 즈 제 조」로 발음하면 된다. 입 모양은 **サ**[sa]행과 동일하다.

자 za	ザ				자일, 밧줄	ザ イ ル		
지 zi	ジ				지그재그	ジ グ ザ グ		
즈 zu	ズ				사이즈	サ イ ズ		
제 ze	ゼ				제로, 영	ゼ ロ	ゼ ロ	
조 zo	ゾ				졸라이즘	ゾ ラ イ ズ ム		

발음 **ダ**[da]행의 **ダ デ ド**는 우리말의 「다 데 도」로 발음하고, **ヂ ヅ**는 **ザ**행의 **ジ ズ**와 발음이 동일하여 거의 쓰이지 않으며 우리말 「지 즈」로 발음한다.

다 da	ダ
지 zi	ヂ
즈 zu	ヅ
데 de	デ
도 do	ド

다운 — ダウン (다 운)

데이트 — デート (데 – 또)

도어, 문 — ドア / ドア (도 아)

다이어리 — ダイアリー (다 이 아 리 –)

데이터 — データ (데 – 따)

발음 **バ**[ba]행은 우리말의 「바 비 부 베 보」처럼 발음한다. 단, **ブ**[bu]는 입술을 둥글게 하여 발음하지 않도록 한다.

바 ba	バ
비 bi	ビ
부 bu	ブ
베 be	ベ
보 bo	ボ

아르바이트 — アルバイト (아 루 바 이 또)

비디오 — ビデオ (비 데 오)

브레이크 — ブレーキ (부 레 – 끼)

베이비, 아기 — ベビー (베 비 –)

보트 — ボート (보 – 또)

パ행

발음 반탁음 **パ[pa]**행은 우리말의「ㅍ」과「ㅃ」의 중간음으로 단어의 첫머리에 올 경우에는「ㅍ」에 가깝게 발음하고, 단어의 중간이나 끝에 올 때는「ㅃ」에 가깝게 발음한다.

파 pa	パ		
피 pi	ピ		
푸 pu	プ		
페 pe	ペ		
포 po	ポ		

빵 ― パン / パン (팡)

피아노 ― ピ ア ノ (피 아 노)

프라이드 ― プ ラ イ ド (푸 라 이 도)

페달 ― ペ ダ ル (페 다 루)

우체통 ― ポ ス ト (포 스 또)

■ 한글 발음과 그림을 보고 빈칸에 알맞은 가타카나를 써넣으세요.

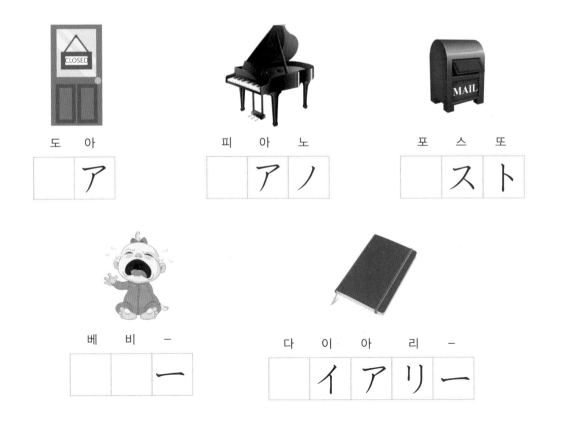

도 아 ― ［ ］ ア

피 아 노 ― ［ ］ ア ノ

포 스 또 ― ［ ］ ス ト

베 비 ― ― ［ ］［ ］ ー

다 이 아 리 ― ― ［ ］ イ ア リ ー

04. 요음

요음이란 **イ**단 글자 중 자음인 **キ シ チ ニ ヒ ミ リ ギ ジ ビ ピ**에 반모음의 작은 글자 **ャ ュ ョ**를 붙인 음을 말한다. 따라서 **ャ ュ ョ**는 우리말의 「ㅑ ㅠ ㅛ」같은 역할을 한다.

	~ャ	~ュ	~ョ
キャ행	キャ kya / 캬	キュ kyu / 큐	キョ kyo / 쿄
シャ행	シャ sya(sha) / 샤	シュ syu(shu) / 슈	ショ syo(sho) / 쇼
チャ행	チャ cha / 챠	チュ chu / 츄	チョ cho / 쵸
ニャ행	ニャ nya / 냐	ニュ nyu / 뉴	ニョ nyo / 뇨
ヒャ행	ヒャ hya / 햐	ヒュ hyu / 휴	ヒョ hyo / 효
ミャ행	ミャ mya / 먀	ミュ myu / 뮤	ミョ myo / 묘
リャ행	リャ rya / 랴	リュ ryu / 류	リョ ryo / 료
ギャ행	ギャ gya / 갸	ギュ gyu / 규	ギョ gyo / 교
ジャ행	ジャ zya(ja) / 쟈	ジュ zyu(ju) / 쥬	ジョ zyo(jo) / 죠
ビャ행	ビャ bya / 뱌	ビュ byu / 뷰	ビョ byo / 뵤
ピャ행	ピャ pya / 퍄	ピュ pyu / 퓨	ピョ pyo / 표

발음 **キャ**[kya]행은 단어의 첫머리에서는 「캬 큐 쿄」로 발음한다. 그러나 단어의 중간이나 끝에서는 「꺄 뀨 꾜」로 강하게 발음한다.

캬 kya	キャ	キャ		
큐 kyu	キュ	キュ		
쿄 kyo	キヨ	キヨ		

캐리어,
경력 — キャリア (캬 리 아)

쿠바 — キューバ (큐 ー 바)

캐스트,
배역 — キャスト (캬 스 또)

 발음 **シャ**[sya]행은 우리말의 「샤 슈 쇼」처럼 발음하며, 로마자로 표기할 때는 **sya syu syo**와 **sha shu sho** 두 가지로 표기한다.

샤 sya	シャ	シャ		
슈 syu	シユ	シユ		
쇼 syo	シヨ	シヨ		

샤프 — シャープ (샤 ー 뿌)

슈거,
설탕 — シュガー (슈 가 ー)

쇼,
구경거리 — ショー (쇼 ー) ショー

 발음 **チャ**[cha]행은 단어의 첫머리에서는 「챠 츄 쵸」로 발음하지만, 단어의 중간이나 끝에서는 강한 소리인 「쨔 쮸 쬬」로 발음한다.

챠 cha	チャ	チャ		
츄 chu	チユ	チユ		
쵸 cho	チヨ	チヨ		

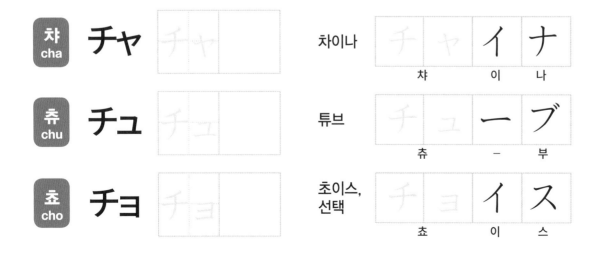

차이나 — チャイナ (챠 이 나)

튜브 — チューブ (츄 ー 부)

초이스,
선택 — チョイス (쵸 이 스)

발음 **ニャ[nya]**행은 우리말의 「냐 뉴 뇨」처럼 발음하며, 우리말처럼 단어의 첫머리에 오더라도 「야 유 요」로 발음하지 않는다.

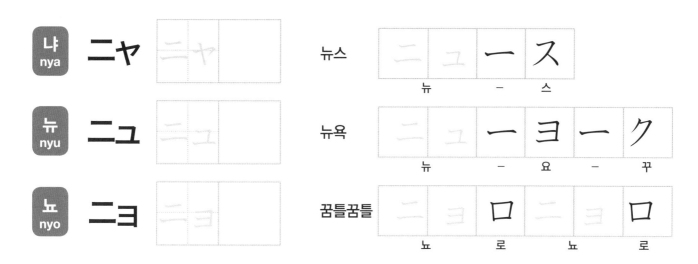

냐 nya	ニャ		
뉴 nyu	ニュ		
뇨 nyo	ニョ		

뉴스

ニ	ュ	ー	ス
뉴		-	스

뉴욕

ニ	ュ	ー	ヨ	ー	ク
뉴		-	요	-	꾸

꿈틀꿈틀

ニ	ョ	ロ	ニ	ョ	ロ
뇨		로	뇨		로

■ 한글 발음과 그림을 보고 빈칸에 알맞은 가타카나를 써넣으세요.

캬 리 아
| | | リ | ア |

캬 스 또
| | | ス | ト |

샤 ー 뿌
| | | ー | プ |

쇼 ー
| | | ー |

츄 ー 부
| | | ー | ブ |

쵸 이 스
| | | イ | ス |

뉴 ー 스
| | | ー | ス |

뉴 ー 요 ー 꾸
| | | ー | ヨ | ー | ク |

발음 ヒャ[hya]행은 우리말의 「햐 휴 효」처럼 발음하며, 발음이 힘들다고 하여 「하 후 호」로 발음하지 않도록 주의한다.

햐 hya	ヒャ		
휴 hyu	ヒユ		
효 hyo	ヒヨ		

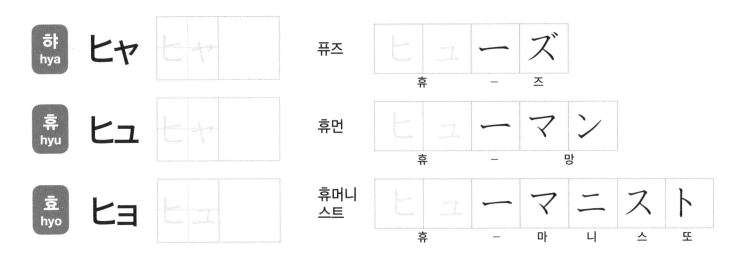

퓨즈 ヒ ュ ー ズ
휴 – 즈

휴먼 ヒ ュ ー マ ン
휴 – 망

휴머니 스트 ヒ ュ ー マ ニ ス ト
휴 – 마 니 스 또

발음 ミャ[mya]행은 우리말의 「먀 뮤 묘」처럼 발음하며, 발음하기 힘들다고 「마 무 모」로 발음하지 않도록 주의한다.

먀 mya	ミヤ		
뮤 myu	ミユ		
묘 myo	ミヨ		

미얀마 ミ ャ ン マ ー
먐 마 –

뮤지컬 ミ ュ ー ジ カ ル
뮤 – 지 까 루

박물관 ミ ュ ー ジ ア ム
뮤 – 지 아 무

발음 リャ[rya]행은 우리말의 「랴 류 료」처럼 발음하며, 우리말처럼 단어의 첫머리에 오더라도 「야 유 요」로 발음하지 않도록 주의한다.

랴 rya	リヤ		
류 ryu	リユ		
료 ryo	リヨ		

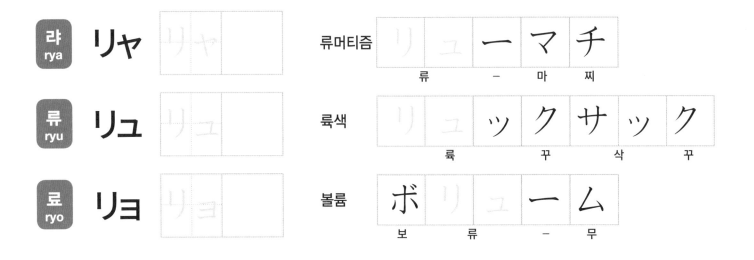

류머티즘 リ ュ ー マ チ
류 – 마 찌

륙색 リ ュ ッ ク サ ッ ク
륙 꾸 삭 꾸

볼륨 ボ リ ュ ー ム
보 류 – 무

발음 **ギャ**[gya]행은 **キャ**[kya]행에 탁음이 붙은 것으로 우리말의 「갸 규 교」처럼 발음한다. 단, 단어의 첫머리에서는 유성음으로 발음한다.

갸 gya	ギャ	ギャ		개그	ギ ャ グ / ギ ャ グ 갸 구
규 gyu	ギュ	ギュ		갤러리	ギ ャ ラ リ ー 갸 라 리 ー
교 gyo	ギョ	ギョ		중국식 만두	ギ ョ ー ザ 교 ー 자

■ 한글 발음과 그림을 보고 빈칸에 알맞은 가타카나를 써넣으세요.

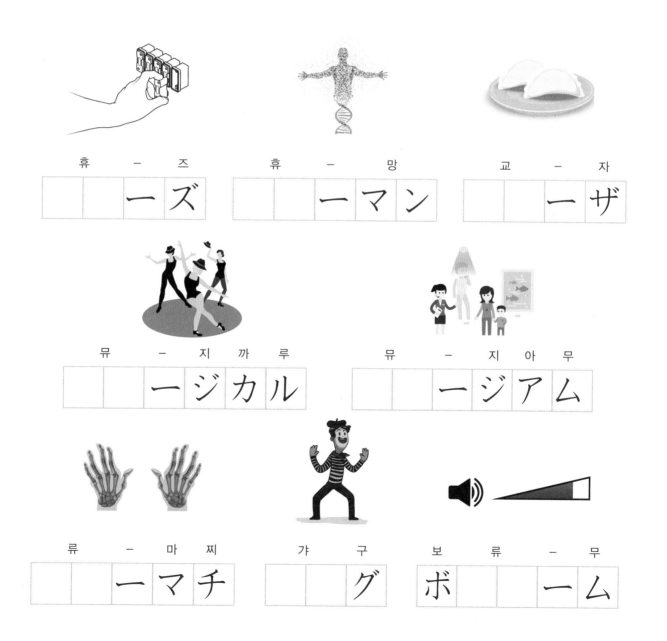

휴 ー 즈　　　　ー ズ

휴 ー 망　　　　ー マ ン

교 ー 자　　　　ー ザ

뮤 ー 지 까 루　　　　ー ジ カ ル

뮤 ー 지 아 무　　　　ー ジ ア ム

류 ギャ ー 마 찌　　　　ー マ チ

갸 구　　　　グ

보 류 ー 무　　ボ ー ム

149

発音 ジャ[zya]행은 우리말의 「쟈 쥬 죠」처럼 발음한다. 참고로 **ヂャ**행은 **ジャ**행과 발음이 동일하여 현대어에서는 거의 쓰이지 않는다.

쟈 zya	ジャ		재즈
쥬 zyu	ジュ		주스
죠 zyo	ジョ		조크, 농담

 発音 ビャ[bya]행은 ヒャ[hya]행에 탁음이 붙은 것으로 우리말의 「뱌 뷰 뵤」처럼 발음한다. 「바 부 보」로 발음하지 않도록 주의한다.

뱌 bya	ビャ		뷰티, 아름다움
뷰 byu	ビュ		뷰폰
뵤 byo	ビョ		인터뷰

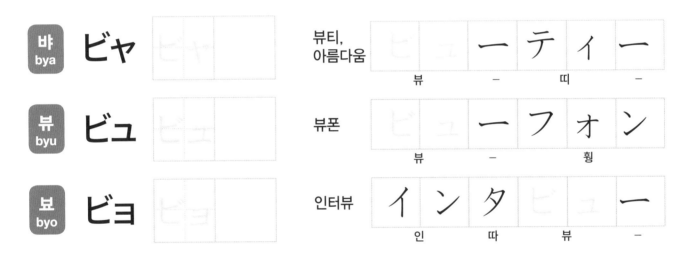

 発音 ピャ[pya]행은 단어의 첫머리에서는 「퍄 퓨 표」로 발음하지만, 단어의 중간이나 끝에서는 「뺘 쀼 뾰」로 강하게 발음한다.

퍄 pya	ピャ		퓨어, 순수함
퓨 pyu	ピュ		퓨마
표 pyo	ピョ		깡충깡충

■ 한글 발음과 그림을 보고 빈칸에 알맞은 가타카나를 써넣으세요.

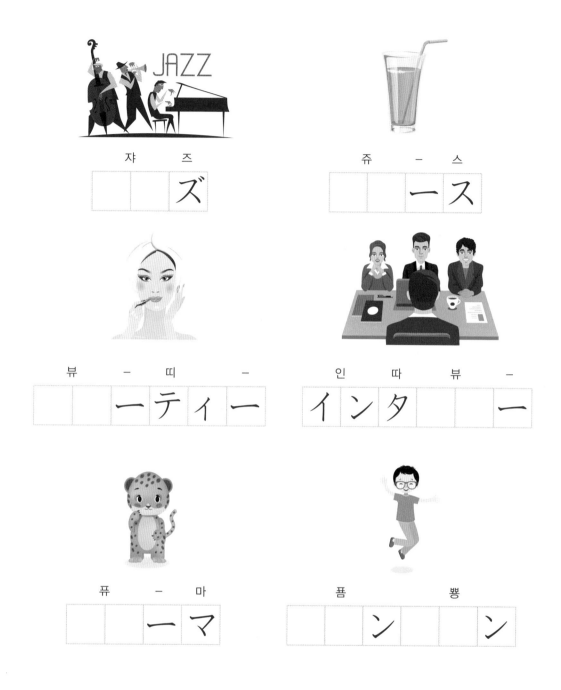

쟈　즈

| | | ズ |

쥬　ー　스

| | | ー | ス |

뷰　ー　띠　ー

| | | ー | ティ | ー |

인　따　뷰　ー

| イ | ン | タ | | ー |

퓨　ー　마

| | | ー | マ |

폼　뽕

| | | ン | | ン |

하네루 음이란 오십음도의 마지막 글자인 **ン**을 말한다. **ン**은 단어의 첫머리에 오지 않으며 항상 다른 글자 뒤에 쓰여 우리말의 받침과 같은 구실을 한다. 따라서 **ン** 다음에 오는 글자의 영향에 따라 우리말의 ㄴ(**n**) ㅁ(**m**) ㅇ(**ng**)으로 소리가 난다.

O | 발음 **ン** 다음에 **カ ガ**행의 글자가 이어지면 「ㅇ(**ng**)」으로 발음한다.

| 밍크 | ミ | ン | ク | | | | | | |
| | 밍 | | 꾸 | | | | | | |

| 캥거루 | カ | ン | ガ | ル | ー | | | | |
| | 캉 | | 가 | 루 | ー | | | | |

ㄴ | 발음 **ン** 다음에 **サ ザ タ ダ ナ ラ**행의 글자가 이어지면 「ㄴ(**n**)」으로 발음한다.

| 난센스 | ナ | ン | セ | ン | ス | | | | |
| | 난 | | 센 | | 스 | | | | |

| 엔진 | エ | ン | ジ | ン | | | | | |
| | 엔 | | 징 | | | | | | |

| 힌트 | ヒ | ン | ト | | | | | | |
| | 힌 | | 또 | | | | | | |

| 팬더 | パ | ン | ダ | | | | | | |
| | 판 | | 다 | | | | | | |

| 신나 | シ | ン | ナ | ー | | | | | |
| | 신 | | 나 | ー | | | | | |

| 선라이즈 | サ | ン | ラ | イ | ズ | | | | |
| | 산 | | 라 | 이 | 즈 | | | | |

ン 다음에 **マ バ パ**행의 글자가 이어지면 「ㅁ(**m**)」으로 발음한다.

햄버거	ハ	ン	バ	ー	グ					
	함		바	–	구					

언밸런스	ア	ン	バ	ラ	ン	ス
	암		바	란		스

템포	テ	ン	ポ						
	템		뽀						

 발음 ン 다음에 **ア ハ ヤ ワ**행의 글자가 이어지면 「ㄴ(**n**)」과 「ㅇ(**ng**)」의 중간음으로 발음한다. 단어 끝에 **ン**이 와도 마찬가지이다.

온에어, 방송중	オ	ン	エ	ア			
	옹		에	아			

상하이	シ	ャ	ン	ハ	イ				
		샹		하	이				

온워드, 전진	オ	ン	ワ	ー	ド				
	옹		와	–	도				

디자인	デ	ザ	イ	ン			
	데	자	잉				

■ 한글 발음과 그림을 보고 빈칸에 알맞은 가타카나를 써넣으세요.

밍 꾸
ミ　　ク

캉 가 루 －
カ　　ガ ル ー

엔 징
エ　　ジ ン

힌 또
ヒ　　ト

판 다
パ　　ダ

신 나 －
シ　　ナ ー

함 바 － 구
ハ　　バ ー グ

템 뽀
テ　　ポ

옹 에 아
オ　　エ ア

데 자 잉
デ ザ イ

촉음이란 막힌 소리의 하나로 우리말의 받침과 같은 역할을 하는 것을 말한다. 즉, 촉음은 ツ를 작을 글자 ッ로 표기하여 다른 글자 밑에서 받침으로만 쓰인다. 이 촉음은 하나의 음절을 갖고 있으며 뒤에 오는 글자의 영향에 따라 우리말 받침의「ㄱ ㅅ ㄷ ㅂ」으로 발음한다.

 발음 촉음인 ッ 다음에 **カ**행인 **カ キ ク ケ コ**가 이어지면「ㄱ(k)」으로 발음한다.

쿠킹, 요리

사커, 축구

 발음 촉음인 ッ 다음에 **サ**행인 **サ シ ス セ ソ**가 이어지면「ㅅ(s)」으로 발음한다.

메시지

쿠션

 발음 촉음인 ッ 다음에 **パ**행인 **パ ピ プ ペ ポ**가 이어지면「ㅂ(b)」으로 발음한다.

애플, 사과

유럽

155

발음 촉음인 **ッ** 다음에 **タ**행인 **タ チ ツ テ ト**가 이어지면 「ㄷ(t)」으로 발음한다.

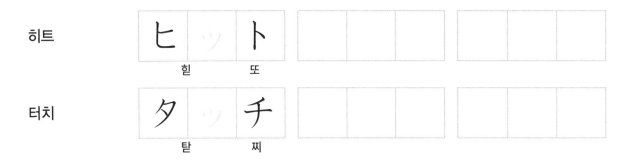

히트

ヒ	ッ	ト						
힏	또							

터치

タ	ッ	チ						
탇		찌						

■ 한글 발음과 그림을 보고 빈칸에 알맞은 가타카나를 써넣으세요.

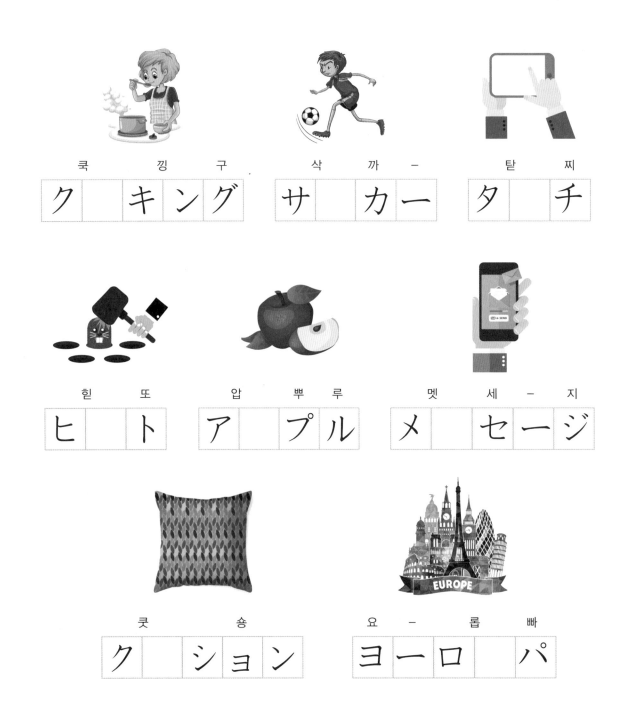

쿡 낑 구
ク		キ	ン	グ

삭 까 —
サ		カ	ー

탇 찌
タ		チ

힏 또
ヒ		ト

압 뿌 루
ア		プ	ル

멧 세 — 지
メ		セ	ー	ジ

쿳 숑
ク		ショ	ン

요 — 롭 빠
ヨ	ー	ロ		パ

07. 장음 ◇◇◇◇◇◇◇◇◇◇◇◇◇◇◇◇◇◇◇◇◇◇◇◇◇◇◇◇◇◇◇◇◇◇◇◇◇◇◇

장음이란 같은 모음이 중복될 때 앞의 발음을 길게 발음하는 것을 말한다. 우리말에서는 장음의 구별이 어렵지만 일본어에서는 이것을 확실히 구분하여 쓴다. 음의 장단에 따라 그 의미가 달라지므로 주의해야 한다. **カタカナ**에서는 장음부호를 「ー」로 표기한다. 이 책의 우리말 장음 표기도 편의상 「ー」로 했다.

ア

발음 **ア**단 다음에 장음 표시인 「ー」가 오면 앞 말의 **ア**음을 길게 발음한다.

스커트

ス	カ	ー	ト
스	까	―	또

イ

발음 **イ**단 다음에 장음 표시인 「ー」가 오면 앞 말의 **イ**음을 길게 발음한다.

택시

タ	ク	シ	ー
타	꾸	시	―

ウ

발음 **ウ**단 다음에 장음 표시인 「ー」가 오면 앞 말의 **ウ**음을 길게 발음한다.

슈퍼

ス	ー	パ	ー
스	―	빠	―

エ

발음 **エ**단 다음에 장음 표시인 「ー」가 오면 앞 말의 **エ**음을 길게 발음한다.

스웨터

セ	ー	タ	ー
세	―	따	―

케이크

ケ	ー	キ
케	―	끼

발음 **才**단 다음에 장음 표시인 「ー」가 오면 앞 말의 **才**음을 길게 발음한다.

커피

コ	ー	ヒ	ー			
코	-	히	-			

■ 한글 발음과 그림을 보고 빈칸에 알맞은 가타카나와 장음부호를 써넣으세요.

스　까　ー　또

ス			ト

타　꾸　시　ー

タ	ク		

스　ー　빠　ー

		パ	

세　ー　따　ー

		タ	

케　ー　끼

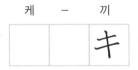

		キ

● 외래어 표기법 ●

♣ 카타카나 장음은 장음부호「ー」를 붙여서 표기한다.

card	カード	카 - 도
cheese	チーズ	치 - 즈
case	ケース	케 - 스

♣ 외래어 **f-** 는 가타카나 フ 다음에 작은 글자 **ァ・ィ・ゥ・ェ・ォ**를 붙여서 표기한다.

file	ファイル	화이루
film	フィルム	휘루무
form	フォーム	훠-무

♣ 외래어 **ti-**, **di-**는 **テ**, **デ**에 작은 글자 **ィ**를 붙여 **ティ**, **ディ**로 표기합니다.

tea	ティー	티 -
building	ビルディング	비루딩구

송 상 엽

지은이 송상엽은 대학에서 일어일문학을 전공하였으며, 국내 유수 기업체는 물론 어학원에서 수년간의 강사 경험을 바탕으로 일본어 교재 전문기획 프리랜서로 활동하고 있다. 지금은 랭컴출판사의 편집위원으로서 일본어 학습서 기획 및 저술 활동에 힘쓰고 있다.

일본어 문자와 발음 단숨에 따라잡기

2024년 01월 05일 초판 1쇄 인쇄
2024년 01월 10일 초판 1쇄 발행

지은이 송상엽
발행인 손건
편집기획 김상배, 장수경
마케팅 최관호, 김재명
디자인 Purple
제작 최승용
인쇄 선경프린테크

발행처 *LanCom* 랭컴
주소 서울시 영등포구 영신로34길 19, 3층
등록번호 제 312-2006-00060호
전화 02) 2636-0895
팩스 02) 2636-0896
홈페이지 www.lancom.co.kr
이메일 elancom@naver.com

ⓒ 랭컴 2023
ISBN 979-11-7142-026-1 13730